Le chemin de Saint-Jacques-de-COMPOSTELLE

Edilesa/GUIDES

En route vers Saint-Jacques-de-Compostelle

Il a été dit jusqu'à la satiété que le Chemin de Saint-Jacques est une excellente métaphore de la vie. Et c'est vrai, il l'est dans tous les sens du terme. Non seulement en tant que finalité. Mais également en tant qu'expérience du trajet, dans toute sa fascination et sa plénitude. Le Chemin de Saint-Jacques-de-Compostelle, le chemin par excellence, propose non seulement l'expérience du pèlerinage ou du voyage, mais aussi les richesses nées de son histoire: art, paysage et diversité, légendes, communications entre les peuples, idée sous-jacente, à l'origine d'une manière d'être et de sentir, forgée le long de cet itinéraire. La raison de l'augmentation des pèlerinages est difficile à déterminer. Cependant, pleinement défini dès le XIIème siècle, le Chemin de Saint-Jacques est généralement considéré de nos jours comme un véritable précurseur de l'unité des peuples d'Europe.

A gauche: Saint Jacques sur le Porche de la Gloire.
Ci-dessus: La *vieira (Coquille Saint-Jacques)*, le symbole du pèlerin, dans les rues de Saint-Jacques-de-Compostelle.

Il est vrai qu'il y a autant de chemins qu'il existe de marcheurs ou de pèlerins. Mais c'est le Chemin Français, qui parcourt le nord de l'Espagne tout au long de ses 800 kilomètres, qui devint le paradigme du Chemin. De tous les points cardinaux, des centaines, des milliers d'autres chemins le rejoignent. Il constitue la base de la structure de ce livre et, par conséquent, de la cartographie et des documents qui l'accompagnent. Il est évident que toute proposition de ce genre doit se soumettre à l'adaptation personnelle, suivant les goûts et les nécessités de chacun. Le Chemin offre des possibilités multiples et variées à ceux qui savent le regarder d'un œil neuf: car l'offre essentielle perdure tout au long des siècles, mais la réflexion et l'adaptation que nous en faisons dépend de chacun d'entre nous. C'est l'une des merveilles de la Route, peut-être la plus importante, la raison pour laquelle nombreux sont ceux à avoir vécu l'expérience plus d'une fois. Il y a toujours de nouvelles découvertes à faire, de nouveaux amis, des expériences enrichissantes... Le Chemin est une expérience à la fois magique et profondément humaine.

Le Chemin de Saint-Jacques traverse des parages isolés et d'autres à la végétation luxuriante.

La tombe de l'apotre

On raconte qu'au début du IXème siècle une lumière surnaturelle indiqua à un ermite le lieu où était enterré l'Apôtre Saint Jacques *(en espagnol, Santiago)*. Au cours des premières années de la chrétienté, il avait été envoyé en Espagne évangéliser le pays. L'expérience s'étant soldée par un échec, il rentra à Jérusalem, où il fut condamné au martyre par Hérodes qui interdit en outre d'enterrer son corps décapité. Un groupe de chrétiens put le récupérer et le déposa dans une barque sans équipage qu'un ange guida à travers la mer. La barque remonta ensuite le fleuve Ulla et s'arrêta près d'Iria Flavia, capitale de la Galice romaine. Il s'y trouvait un cimetière -*Compostum*- qui, avec le temps, finirait par être appelé Compostelle *(future ville de Saint-Jacques-de-Compostelle)*.

Urne contenant les restes de l'Apôtre Saint Jacques. Cathédrale de Saint-Jacques-de-Compostelle.

A gauche: L'évêque Teodomiro découvre la tombe de Saint Jacques. Manuscrit A. Cathédrale de Saint-Jacques-de-Compostelle.
A droite: Eglise de Cereixo. Transfert de Saint Jacques.

L'événement donna lieu à une multitude de légendes et d'histoires. La majeure partie d'entre elles furent recueillies par un clerc français, Aymeric Picaud, dans le *Liber Sancti Jacobi*, connu sous le nom de Manuscrit Calixtin. Il décrivit également dans ce Manuscrit les routes menant à Compostelle, ce qui, joint aux nombreuses autres voies de communications existantes à l'époque, attira l'attention de nombreux pèlerins sur la ville. La route de Picaud fut cependant la plus populaire. Le nombre de Francs qui se rendaient à Compostelle était très élevé et le Chemin Français -qui unissait les Pyrénées à la Galice- devint le Chemin par excellence.

Compostelle devint de cette façon un des lieux de référence du monde chrétien. Par la suite, la culture de la Renaissance, qui condamnait une bonne partie des postulats médiévaux, provoqua la décadence des pèlerinages. La récupération actuelle des grandes voies historiques fait de nouveau renaître ce Chemin, bien que conservant en partie seulement son esprit original.

A gauche: Padrón. Fontaine du Carmen, détail représentant le transfert des restes de l'Apôtre.
A droite: Sasamón. Eglise de Santa María la Real. Retable de Santiago, détail.

UN AIR DE MODERNITE

Le Chemin de Saint-Jacques fit de l'Espagne chrétienne une région prospère; les raisons en sont diverses et pas toujours spirituelles. Ceci mis à part, il se révéla également un excellent facteur d'identité culturelle. C'est sous son influence qu'arrive l'art roman: on peut y contempler une bonne partie de son répertoire. Chargé de symbolisme, il rappelait sans cesse au pèlerin des histoires édifiantes. Mais le Chemin, c'est aussi les exploits des guerriers, popularisés au contact de divers peuples et cultures, ou bien encore la musique, que les uns et les autres apportaient, différente selon les langues,... En bref, tout ce qui contribua à construire l'armature du Moyen Age chrétien.

A gauche: Estella. Palais Royal. Chapiteau de Roland et Ferragut. **A droite:** Le Chemin de Saint-Jacques dans les environs de Cirauqui.
Ci-dessous: Pont, sanctuaire et hôpital de la Trinidad de Arre.

Ci-dessus, à gauche: Arca. Source.
Ci-dessus, à droite: Couple de chevreuils dans la forêt de chênes des Monts d'Oca.
Ci-dessus, au centre: Lavacolla. Mimosas en fleur au bord du Chemin.
Ci-dessous, à gauche: Le Chemin dans la région de Campos.
Ci-dessous, à droite: La présence éternelle d'un troupeau de moutons.

De nos jours, le Chemin a de nombreux autres attraits. Il est toujours, bien entendu, le point de rencontre, le trajet où la solitude du marcheur est allégée par la relation d'amitié. Mais il signifie également contemplation: du paysage varié et hétérogène; de la beauté que l'histoire et l'art, témoignages des temps passés, ont laissée dans tous les villages et les villes que nous traversons; de sources, arbres et sentiers qui permettent le repos, avant de reprendre la marche, qui nous rapprochera un peu plus de Saint-Jacques-de-Compostelle. C'est aussi un défi, celui de prendre le départ ou de partager la route, celui de se rapprocher des personnes les plus diverses, de connaître les réalités les plus inattendues, celui enfin de l'effort qui met à l'épreuve les aptitudes physiques.

Le Chemin sera toujours pour nombre d'entre nous une philosophie de vie marquée par la spiritualité des origines. Parce que personne ne pourra jamais oublier que ce Chemin, celui de tous, recouvre toute réalité. Ce n'est pas en vain qu'on l'appelle aussi le Chemin des Etoiles.

Alto de San Roque. Monument au pèlerin.

"**P**eu avant d'atteindre leur but, à la vue de Compostelle, les pèlerins se baignaient dans une rivière afin de se laver de toutes les impuretés et les difficultés du Chemin. A leur arrivée, ils devaient veiller toute la nuit dans la Cathédrale, entonnant des cantiques qu'ils accompagnaient avec des instruments de toutes sortes. Cithares, lyres, tympanons, trompettes, violes, roues britanniques et galiciennes, et psaltérions sont cités dans un texte médiéval qui nous dit également qu'il "n'existe aucune langue ni dialecte dont les paroles ne résonnent ici". Au petit jour, avant la première messe de la journée, les offrandes se faisaient sous les instructions d'un clerc polyglotte qui répétait le rituel en plusieurs langues et établissait des distinctions rigoureuses entre les offrandes destinées au Saint et celles qui iraient grossir l'arche du temple." (M. Reig).

A gauche: Rituel du *Botafumeiro* dans la Cathédrale de Saint-Jacques-de-Compostelle.

"**C**es villes, nées directement du Chemin, furent tout d'abord une simple succession d'édifices de chaque côté de la route des pèlerins. Les hôpitaux et les temples seront remplacés par les auberges, les magasins, les ferronneries et les ateliers, pour répondre à leurs besoins. Très vite, surgira alors une "rue mayor" *(grand-rue),* point de départ de tout le tissu urbain. Des villes telles que Santo Domingo de la Calzada ou Puente la Reina sont les exemples les plus évidents de ce type d'installations, parfois héritières d'un campement romain et parfois surgies pratiquement du néant." (M. Reig).

A droite: Puente la Reina. Pont médiéval.

"**L**a catégorie de pèlerin de Saint-Jacques n'exigeait aucun signe distinctif. Au début, ce qui deviendra l'uniforme, parfaitement reconnaissable à force d'apparaître sur toutes les représentations, n'était rien de plus que l'habit normal de tout voyageur. Un manteau court pour ne pas gêner la marche, une cape et un chapeau capable de faire face aussi bien à la chaleur qu'à la pluie n'étaient que la façon la plus raisonnable d'affronter le long voyage. Le bourdon était simplement le bâton sur lequel s'appuyer dans les passages difficiles et une défense efficace contre les loups et les brigands. Le sac ou gibecière, en principe en peau de cerf, était en revanche une exigence de l'habit de pèlerin, puisqu'il ne devait en aucun cas être fermé, en signe de bonne foi. Et enfin, la Coquille Saint-Jacques était l'élément incontournable sur l'uniforme permettant de franchir le seuil des auberges. La citrouille, elle, était une gourde légère, généralement attachée au bourdon ou à la ceinture du pèlerin". (M. Reig).

Saint Jacques vêtu de pèlerin à la Porte Sainte de la Cathédrale de Saint-Jacques-de-Compostelle.

I DE RONCEVAUX A PUENTE LA REINA

Pèlerin, marcheur ou voyageur, vous commencez l'une des routes les plus emblématiques tracées par la dévotion en Europe et confirmées par les siècles, avec toute la beauté et la variété des paysages qui bordent le Chemin. Ce chemin issu des hommes, de leurs idées et leurs inquiétudes, détient l'histoire et la légende, l'art et ses multiples manifestations, la foi ou le plaisir du voyage... Ou tout cela en même temps. En bref, c'est une route vivante. C'est dans cet esprit que nous la commençons.

Dressé sur l'Alto de Ibañeta, ami, nous vous attendons; près du monument de Roland, à l'ombre de la croix de Charlemagne, où l'empereur à la barbe fleurie planta la croix tout en regardant vers Saint-Jacques-de-Compostelle et contempla le Chemin des étoiles conduisant à l'Apôtre Saint Jacques. Sous ce même ciel étoilé, vous allez parcourir près de huit cents kilomètres, ceux qui vous séparent de la basilique de Saint-Jacques-de-Compostelle.

A gauche, en haut: Vue générale des Pyrénées navarraises.
A gauche, en bas: Roncevaux. Monument commémoratif de la bataille de Roncevaux.
Ci-dessous: Forêts de hêtres dans la vallée de Roncevaux.

Les juifs connurent un pèlerinage de quarante ans, dans un désert de sable, sans forêts, sans rivières et sans sources. Vous, pendant quelques jours, vous avancerez dans des parages inimaginables, remplis de nature, de beaux et de surprenants paysages. Des centaines de monuments, joyaux de dévotion et d'art, spécialement de l'art du pèlerinage -l'art roman-, accompagnent votre chemin, bien pavé et bien signalé.

A chaque étape, vous vous sentirez accompagné par le sourire maternel des Vierges du Chemin, qui vous souriront depuis d'humbles ermitages ou de majestueuses cathédrales.

Nous vous accompagnerons les premiers jours de marche, jusqu'à Puente la Reina. Là, vous rencontrerez des pèlerins, comme vous, en provenance des Pyrénées aragonaises par le Somport. Tout au long de la route, vous pourrez fraterniser avec des groupes de pèlerins suivant le même chemin.

Au cri-prière des concheiros *(pèlerins)* médiévaux - *¡Herru Santiagu! ¡Got Santiagu! ¡Deus, adiuva nos!* -, nous commençons à descendre la montagne et à parcourir la région de Navarre, imprégnée d'art et de traditions du pèlerinage. Le Chemin de Saint-Jacques la traverse d'Est en Ouest.

Dominant un saisissant panorama au milieu des hêtraies fournies, nous arrivons à la Collégiale Royale de Roncevaux, re-

fuge obligatoire des pèlerins et foyer accueillant pour les marcheurs. Nous entrons dans la basilique et nous recevons le sourire maternel de la Reine des Pyrénées, Notre Dame de Roncevaux, promesse de consolation des mille sourires des Vierges du Chemin. Devant le Silo de Charlemagne, nous évoquons la tragédie de Roland et des Douze Pairs, évoquée dans sa *Chanson*, et nous baisons la Croix des pèlerins, à la sortie de Roncevaux.

La hêtraie continue, et nous laissons derrière nous des villages aux noms basques, très connus le long de la Route du pèlerinage: Burguete, Espinal, Mezquiriz, Viscarret, Linzoáin, Erro. Nous entreprenons la montée difficile, car pentue, vers l'Alto de Erro, au milieu de forêts touffues et variées, aux paysages magnifiques. Près de l'Alto, nous faisons une halte pour rendre hommage aux Pas de Roland.

La descente du Col n'est pas moins difficile que la montée et serpente parmi les arbres, le long du flanc de la montagne. Nous passons par Agorreta puis nous arrivons à Zubiri. Avant

Au centre, à gauche: Valcarlos. Monument au pèlerin.
Au centre, à droite: Roncevaux. A la sortie, cette croix des pèlerins, du XIVème siècle, avec un chapiteau Renaissance en guise de socle.
En bas, à gauche: Col d'Ibañeta. Croix de bois laissées par les pèlerins.
En bas, à droite: Col d'Ibañeta. Ermitage.
Ci-contre: Roncevaux. Intérieur de la Collégiale Royale de Santa María, gothique français, à trois nefs, commencée en 1209.

EMEN·ERRATEN·DA·SALVE·BAT
ORREAGAKO·ANDREDENA·MARIARI
AQVI·SE·REZA·VNA·SALVE
A·N·S·DE·RONCESVALLES
ICI·ON·SALUE·N.D.DE·RONCEVAUX
PAR·UN·SALVE·REGINA

de traverser le Pont de la Rabia, nous nous recommandons à sainte Quiteria dont il est dit que les reliques sont conservées dans un pilastre du pont.

Les deux ramifications du Chemin longent les deux côtés de la rivière Arga, et traversent des villages aux noms basques: Ostériz, Ilarraz, Esquíroz, Urdániz, Irure. Nous découvrons Larrasoaña. C'est une ville prestigieuse, à l'histoire médiévale riche: résidence de reines et siège des cours de Navarre. Dans l'église paroissiale nous saluons saint Nicolás de Bari, grand ami des pèlerins.

D'autres villages encore à la tradition basque: Aquerreta, Idoy, Zuriáin, Anchoriz Iroz, Zabaldica, Arleta. L'ermitage de la Trinidad à Arre, sur la berge de la rivière Ulzama, nous ouvre ses portes. Puis nous traversons la ville de Villava. Sa Rue Mayor nous mène à Burlada, ville adjacente et non moins importante. Nous sommes déjà dans les alentours de Pampelune. A travers le quartier de la Magdalena, nous nous rapprochons du pont pèlerin du même nom, et nous nous décou-

Page précédente:
En haut: Roncevaux. Vue générale de la collégiale.
Au centre, à gauche: Mezquíriz. Image de la Vierge du Puerto.
Au centre, à droite: Espinal. Typique construction du pays.
En bas, à gauche: Viscarret. L'église, rénovée en 1904, est d'origine médiévale (XIIIème siècle).
En bas, à droite: Zubiri. Pont de la Rabia, à deux arcs.

Au centre: Arre. Hôpital et ermitage de la Trinidad.
En bas: Le Chemin de Saint-Jacques dans la montée d'Erro.

vrons devant la statue de Saint Jacques qui préside le pont. Nous traversons la rivière Arga, et longeant la muraille, nous entrons dans Pampelune par le Portail de France.

Pampelune est une ville à l'ascendance romaine, cour du Royaume de Navarre, célébrée pour son hospitalité envers les pèlerins. Elle était traversée par le Chemin de Saint-Jacques, bordé d'hôpitaux. Ses monuments sont nombreux et de grande valeur. Nous ferons en sorte de tous les visiter, bien que nous ne puissions en mentionner ici que quelques-uns, les plus significatifs pour le pèlerinage. Nous commençons par la Cathédrale pour vénérer la statue de Santa María la Real, méditer devant les sépulcres, visiter le cloître et admirer le Musée diocésain. Saint Jacques Pèlerin nous salue dans l'église de San Cernín, et la Vierge du Chemin, la Patronne de Pampelune, nous sourit depuis sa chapelle. Notre hommage, comme auparavant celui des pèlerins, ne pouvait manquer à la statue de saint Fermín, celui des *encierros*, dans l'église de San Lorenzo. Nous traversons l'importante Citadelle et nous quittons Pampelune, non sans rappeler ses grands hôpitaux: San Miguel et Hospital de Nuestra Señora de la Misericordia, aujourd'hui Musée de Navarre.

Nous abandonnons Pampelune et, tournant le dos à la barrière des Pyrénées, nous avançons à travers la Navarre Moyenne. A Cizur Menor, nous nous rendons à l'église San Miguel pour prier devant le Christ gothique de Cizur Mayor. Guidés par le souvenir de la lecture de la fantastique *Chronique de Turpin*, nous poursuivons vers Guenduláin, où nous trouvons des ruines, celles du palais du comte de l'église.

En gravissant la montagne, nous traversons le village de Zariquiegui. Nous soulageons la soif de la montée à Fuente de Reniega et nous arrivons enfin à l'Alto del Perdón. La descente nous offre un paysage impressionnant: derrière nous, le massif pyrénéen; en face, les hauteurs d'Arnotegui et Montejurra. Au milieu des chênes verts et des buissons, nous arrivons à Uterga. Nous poursuivons vers Muruzabal, qui nous permet de saluer, dans son église, Saint Jacques Pèlerin.

Et voilà déjà Obanos. Nous nous quittons, cher pèlerin, avec un salvé à Notre Dame d'Anotegui et un notre père à saint Guillermo, à l'entrée de Puente la Reina et devant le monument au pèlerin. Que Dieu vous garde et n'oubliez pas une prière au Seigneur Saint Jacques, à Compostelle.

A gauche: Pampelune. Cathédrale. Construite au XVème siècle, sa façade fut remplacée en 1784 par la façade actuelle, néoclassique.
Ci-dessous, à gauche: Pampelune. L'Hôtel de Ville, à la façade baroque, est célèbre pour le *chupinazo (coups de feu)* y annonçant le début des fêtes de San Fermín.
Ci-dessous, à droite: Pampelune. Musée de la Navarre, à la remarquable façade plateresque (XVIème). Il occupe l'ancien Hôpital de la Misericordia.

LES LEGENDES DU CYCLE CAROLINGIEN

Les légendes de la chronique de l'évêque Turpin et la *Chanson de Roland* situent le désastre de l'armée de Charlemagne aux alentours de l'an 778. Elles sont rassemblées au début du XIIème siècle dans le *Codex Calixtinus*, le premier guide du Chemin de Saint-Jacques-de-Compostelle. L'empereur Charles vint en Espagne depuis la Gaule pour libérer le sépulcre de l'Apôtre Saint Jacques. Sur le chemin du retour, alors que le gros de son armée avait traversé les Pyrénées, l'arrière-garde, dirigée par son neveu Roland et les Douze Pairs de France, fut surprise à Roncevaux par une embuscade de cinquante mille Sarrasins. Ceux-ci attaquèrent en deux vagues: l'une de vingt mille guerriers et l'autre de trente mille. La première, qui assaillit les chrétiens par derrière, fut anéantie. Mais l'aile de trente mille guerriers chargea alors l'armée épuisée de Roland, et tua ses vingt mille combattants. Roland, grièvement blessé, sonna l'olifant pour avertir son oncle avec une telle force que le cors et les veines du héros en éclatèrent. Se voyant mourir, il frappa son épée Durandarte contre un rocher, afin qu'elle ne tombât pas en des mains ennemies. Il ne parvint qu'à fendre la pierre, que les pèlerins peuvent encore contempler de nos jours.

Belle page miniaturée du Codex Calixtinus.

LES CHANOINES REGULIERS AU SERVICE DES PELERINS

Pendant neuf siècles, les Chanoines Réguliers de Saint Augustin ont accueilli les pèlerins de l'ordre de Saint-Jacques à la Collégiale de Roncevaux. Mais pas uniquement à Roncevaux. Sur pied ou en ruine, les monastères des Chanoines Réguliers, avec leur hôpital annexe pour l'hébergement des *concheiros (pèlerins)*, sont présents tout au long du Chemin. Presque toujours dans les endroits les plus difficiles: Roncevaux, Larrasoaña, Somport, San Isidoro de León, Carbajal, Arbas, au Puerto (*Col*) de Pajares, à la déviation vers Oviedo... Aujourd'hui pratiquement disparu, cet Ordre peupla l'Europe médiévale de communautés de prêtres. Bon nombre d'églises cathédrales et collégiales adoptèrent pour leurs clercs la vie en commun basée sur les nouveaux courants ascétiques. D'innombrables saints, mystiques et écrivains célèbres et prestigieux peuplèrent les cloîtres des règles canoniques régulières. La renaissance des Chanoines Réguliers fut un véritable mouvement dans toute l'Eglise Occidentale à partir des réformes du Pape Grégoire VII (1073-1085).

Roncevaux. Chapelle du Sancti Spiritus.

PAMPELUNE

La *Pompaelo* romaine et *Iruñea* des Vascons mérite une visite approfondie, par son histoire, ses monuments, sa tradition liée au Chemin de Saint-Jacques et son accueil des pèlerins dans ses divers hôpitaux. Fondée par Cneo Pompeyo en 75 avant Jésus-Christ, elle fut envahie par les Germains en 275. Elle est occupée par les Arabes au VIIIème siècle, Charlemagne détruit ses murailles en 778 et, en guise de revanche, les Vascons mettent en pièce son arrière-garde. Au Xème siècle, le Royaume de Pampelune se consolide. Il sera appelé Royaume de Navarre à partir du XIIème siècle. Le bourg de San Cernín, ou des Francs, et celui de San Nicolás, composé également de Francs et d'étrangers, se rajoutent à partir du XIème siècle à la population indigène, la Navarrería du bourg de San Miguel. Les trois centres forment des bourgs distincts, entourés de murailles et fréquemment opposés en de sanglantes révoltes, lorsqu'en 1423 Charles III décrète la fusion des trois enceintes en une seule commune et ville. En 1515, celle-ci est rattachée à la Castille, sans perdre ses libertés municipales. Les murailles des bourgs furent détruites et la muraille moderne avec son impressionnante Citadelle (1571) fut alors érigée.

Détail du fossé et de la muraille dans la Citadelle.

Pampelune. Monument aux Fueros (Libertés municipales).

Pont de la Magdalena. Magnifique construction médiévale (XIIIème siècle) sur la rivière Arga. Il est dédié à la sainte titulaire, la Magdalena, qui donne son nom au quartier. L'hôpital ou maladrerie qui s'y dressait autrefois portait également ce nom.

Monument à Roland sur l'Alto de Ibañeta. Le héros de la Chanson et du désastre des armées de Charlemagne en 778. C'est là qu'il mourut, les veines éclatées à force de sonner l'olifant pour demander de l'aide à son oncle Charlemagne.

San Cernín ou Saturnino est un temple si étroitement lié au pèlerinage qu'il constitue un des jalons essentiels du Chemin, et le premier à Pampelune, XIIIème siècle. Sur le portique, la statue de Saint Jacques Pèlerin souhaite la bienvenue aux pèlerins.

Statue de Notre Dame de Roncevaux. Elle préside le temple. C'est une belle sculpture de cèdre du XIVème siècle, recouverte d'argent et de pierreries. Reine des Pyrénées, refuge des pèlerins, Mère et Dame de la communauté canoniale qui, tout au long de neuf siècles, l'a protégée et chantée.

Forêt des lances de Charlemagne.

Puerto de Erro (Linzoáin). La difficulté de l'ascension est compensée par le magnifique paysage, au milieu de forêts de hêtres, pins, chênes et buis. Près de l'Alto, trois grandes dalles dont on raconte qu'elles montrent la mesure des pas de Roland, de sa femme et de ses enfants.

Alto del Perdón. L'ascension est pénible, mais elle permet de contempler le paysage et d'avoir une pensée pour le sanctuaire de Nuestra Señora del Perdón, de grande dévotion dans toute la province. A l'ombre du sanctuaire se trouvait un hôpital de pèlerins, tenu par un ermite.

En pleine Sierra del Perdón, nous traversons le village de Zariquiegui, avec son église romane de San Andrés et ses bâtisses blasonnées. La Fuente de Reniega est célèbre dans les annales du pèlerinage: c'est ici que Saint Jacques sauva un pèlerin des pièges du diable, qui lui demandait de renier sa foi.

La sacristie de l'église paroissiale d'Obanos conserve le crâne de Saint Guillermo, recouvert d'argent.

Uterga. Un pèlerin fait une halte et se rafraîchit à l'une de ses fontaines.

Obanos.
Ermitage d'Arnotegui.

Obanos.
Arc d'entrée. En dépit des restaurations, cette ville conserve un ensemble important de maisons de pierre.

II DE SOMPORT A PUENTE LA REINA: LE CHEMIN ARAGONAIS

Le Chemin aragonais est la continuation de la Voie Toulousaine française, qui pénètre dans la Péninsule par les Pyrénées d'Aragon. La Route que nous allons suivre est d'un grand contraste et d'une beauté singulière. Elle commence sur le versant espagnol des Pyrénées et, tout comme le fleuve Aragón qui accompagne le Chemin, serpente entre des pic surprenants, de vertes prairies, la flore alpine, des pins et des sapins, des arbustes de buis et de houx.

La descente est rapide, le paysage change et apparaissent les "jungles" de hêtres et de bouleaux. A Jaca, seule ville importante du trajet, fleuve et Chemin tournent à angle presque droit vers l'Ouest, et avancent sur des terrains plus ou moins plats, entre vallée et collines -ledit Canal de Berdún-, avant d'arriver au grand barrage d'Yesa. Les forêts ont diminué à cause de la déforestation. Le barrage a altéré tous les contours, noyé une bonne partie du Chemin et provoqué l'abandon des hameaux encore debout: leurs terres inondées, ils n'ont plus aucun moyen de subsistance. Un tronçon dudit Chemin aragonais passe par la région de Navarre. On y trouve encore des paysages agrestes, des rochers escarpés bordant les rivières et des terres agricoles qui ont changé le sol du vieux Chemin.

Le Somport est aujourd'hui une zone touristique, avec des pistes de ski et de nombreux hôtels de haute montagne. Candanchú est une station d'hiver, bien équipée en installations sportives. La route nationale et le Chemin sont parfois parallèles, parfois confondus. Nous traversons le Puente Ruso et, à travers une vallée étroite et pittoresque, nous arrivons à la station ferroviaire de Canfranc. Sur un pic, le Château de Col de Ladrones, à gauche, et à droite, celui que fit construire Philippe II. Le village de Villanúa - Vila Nova - est coupé en deux par le fleuve Aragón. Aruej est un hameau sans habitants une bonne partie de l'année. Castiello de Jaca fut déclaré Ensemble Historique Artistique. Jaca est une terre à l'histoire ancienne et glorieuse. Tribu ibère des *Jacetanos*, la *Jacetania* des Romains, soumise au pouvoir musulman au VIIIème siècle, capitale du comté d'Aragon au IXème siècle et siège du Royaume au XIème. Sa cathédrale romane est un véritable joyau monumental.

Un Chemin alternatif suit la rive droite du fleuve Aragón et traverse les hameaux d'Ascara, Santa Cilia, Puente de los Trancos, Santa Engracia, Berdún, Asso, Sigües et Escó, jusqu'au monastère de Leyre.

Nous rencontrons un hameau, à une croisée des chemins, qui porte le nom de Puente la Reina de Jaca, que nous ne

A gauche: Vue panoramique des Pyrénées de Huesca, avec au premier plan Santa Cruz de la Serós.
Ci-dessous: Coucher de soleil dans les Pyrénées.

Ci-dessus: Canfranc, passage naturel important pour les liaisons avec la France, près du Col de Somport et de la station de sports d'hiver de Candanchú. Sa gare est le symbole de sa tradition ferroviaire.

Ci-dessous, à gauche: Villanúa. Pont sur la rivière Aragón. **Ci-dessous, à droite:** Aruej. Eglise romane du XIème siècle.

Ci-dessus: Castiello de Jaca.
Ci-dessous, à gauche: Acín. Sanctuaire de Santa María de Iguacel. Ci-dessous, à droite: Le Chemin de Saint-Jacques entre Somport et Jaca.

devons pas confondre avec son homonyme navarrais. Ici, une autre bifurcation du Chemin: une ramification suit la rive gauche du fleuve Aragón et du barrage d'Yesa, et l'autre, la rive droite.

La Route de droite nous conduit à Berdún, à travers un paysage singulier. Nous pénétrons dans la province de Saragosse puis nous atteignons le barrage d'Yesa, que nous laissons à notre gauche, tandis que, à notre droite, nous protège la montagne de Leyre. Nous dépassons des villages, comme Sigües et Tiermas, affectés par le barrage. Yesa, qui donne son nom au barrage, est le premier village navarrais. De là partent les déviations qui nous mèneront au monastère de Leyre et au Château de Javier.

Nous revenons sur nos pas pour reprendre depuis Puente la Reina de Jaca la Route de la rive gauche de l'Aragón, aux

Ci-dessus, à gauche: Jaca. La plus ancienne Cathédrale de style roman en Espagne (1063). **Ci-dessus, à droite:** Jaca. Sculpture du porche de la Cathédrale. **Ci-dessous:** Jaca. La Citadelle, construite à l'époque de Philippe II.

villages pittoresques, certains à demi-abandonnés: Arrés, Martes, Mianos, Artieda, Ruesta. Nous traversons le barrage et nous arrivons à Yesa, que nous connaissons déjà. Les deux ramifications du Chemin se rejoignent ici, avant de bifurquer à nouveau. Celle de la gauche de l'Aragón va directement à Sangüesa. Celle de droite a subi de grandes transformations. Elle longe aujourd'hui la route nationale N-240 et va à Liédana. Le Chemin ancien se dirigeait vers l'impressionnante gorge de la rivière Irati, dans les Gorges de Lumbier. Nous traversons le Col de Loiti puis nous laissons derrière nous les villages de Nardués, Aldunate, Izco, Abínzano, Idocín, las Salinas de Ibargoiti et nous entrons dans Monreal.

A Monreal nous nous laissons intimider par l'impressionnante Higa, une montagne conique de 1.289 m. Nous continuons et nous traversons des villages aux noms sonores d'as-

Ci-dessus, à gauche: Jaca. Ermitage de San Cristóbal.
Ci-dessus, à droite: Santa Cruz de la Serós. Ermitage de San Caprasio (XIème-XIIème siècles).
Ci-dessous: Santa Cruz de la Serós. Eglise romane de Santa María.

SAN JUAN DE LA PEÑA

Monastère de moines bénédictins, à la situation impressionnante: dominé et protégé par l'énorme roche, il se penche par ailleurs vers le précipice. La tradition fait remonter ses origines au VIIIème siècle, et il est dit qu'il fut fondé par les saints Félix et Voto. Le monastère actuel fut fondé par Sancho l'Aîné de Navarre en 1025. Il est connu comme le monastère Viejo *(vieux)* ou de Abajo *(d'en-bas)*. Ses deux petites nefs mozarabes sont creusées dans la roche. La partie supérieure, dont la construction commença en 1094, constitue l'église romane, à la nef unique et aux trois absides, qui abrite les sépulcres des nobles et des monarques du Royaume. Le petit cloître ouvert, aux colonnes soutenant des arcs en plein cintre, n'a pas de plafond: c'est l'avancée de la roche qui lui sert de toit. Les sculptures de ses chapiteaux, en grande partie historiés, sont splendides. C'était le monastère aragonais le plus célèbre et il fut le premier en Espagne à être réformé par les Clunisiens, en 1071. La tradition affirme que le Saint Calice de la Cène du Seigneur ou Saint Graal y fut caché, avant d'être transféré à Valence. Wagner s'inspira de cette tradition pour composer son opéra Parcifal. Le Monastère Nuevo *(nouveau)* fut construit dans une belle zone boisée, sur la plateforme surplombant le rocher.

Vue du monastère et détail du cloître.

MONASTERE DE LEYRE

Monastère de Leyre. Le temple de la célèbre abbaye bénédictine surprend par son chevet très élevé, composé de trois hautes nefs romanes, de la nef gothique et de la chapelle-tombeau des rois de Navarre. Le portail occidental de l'église (XIIème siècle), appelé Porta Speciosa, *présente de grandes statues, des chapiteaux et des archivoltes décorées dans le plus pur style roman. Mais c'est surtout la crypte qui surprend, évocation de pierre de tout un univers médiéval, du début de l'art roman.*

Château de Javier. Demeure ancestrale de cette lignée et berceau de Saint Francisco Javier, qui y naquit en 1506. C'est une forteresse bâtie sur la roche, qui fut à ses débuts au Xème siècle une tour de guet. C'est aujourd'hui un grand centre de pèlerinage pour les jeunes Navarrais - la Javierada -.

Foz de Lumbier. Impressionnante gorge de la rivière Irati, par où passait l'ancien Chemin de Saint-Jacques. Un arc audacieux, dont on peut contempler les restes, enjambait la rivière. On l'appelle le Pont du diable. Le paysage est d'une beauté exceptionnelle, de même que le village typique de Lumbier et les restes de la ville romaine de Liédena.

Sangüesa. La collégiale de Santa María -ci-dessous, à gauche, une vue d'ensemble- est le joyau monumental de la ville, avec le titre de Collégiale de Santa María la Real de Rocamador. Romane (1131), à trois nefs, son portail principal -au-dessus de ces lignes- est un véritable retable d'imagerie romane, conjuguant les influences des deux plus grands maîtres médiévaux: Leodegarius de Chartres et le maître de San Juan de la Peña. Ci-dessous, à droite, un détail du portail.

cendance basque: Yárnoz, Otano, Ezperun, Gurendiáin, Tiebas, éparpillés sur la montagne d'Alaiz. A partir de Tiebas, le Chemin bifurque et, même, trifurque. Celui de gauche passe par Muruarte de Reta et Olcoz pour s'unir à celui de droite à Enériz. Nous traversons la rivière Robo, que nous laissons à notre droite. Au fond, nous apercevons déjà l'ermitage d'Eunate à la belle et déconcertante architecture. Du haut d'une colline, nous apercevons le village d'Obanos, celui du "Mystère" pèlerin de sainte Felicia et saint Guillermo, la "Villa de los Infanzones", qui jurèrent là, en 1327, de conserver leur liberté pour assurer celle de la patrie - *Pro libertate patriae, gens libera state* -.

Quelques pas plus loin, nous rejoignons le Chemin navarrais de Roncevaux, à l'entrée de Puente la Reina. Que Dieu vous accompagne!, pèlerin. La Route des étoiles vous guide et les sourires maternels des Vierges du Chemin vous protègent.

Au centre: Berdún. Vue générale.
En bas, à gauche: Rocaforte.
En bas, à droite: Idocín. Petite église paroissiale.

MONREAL, *MONS REELLUS* DU *CODEX CALIXTINUS*

C'est le château qui dominait la colline adjacente - Monte Real - qui a donné son nom à Monreal, et Aymeric Picaud, l'auteur du *Codex Calixtinus*, lui a donné sa place au sein de l'histoire du pèlerinage de Saint-Jacques-de-Compostelle. D'après le guide médiéval, c'est ici la fin de la deuxième étape de la Route du Somport - *Mons Reellus* -. En 1149, le roi García Ramírez lui accorda les mêmes privilèges royaux que ceux d'Estella, ce qui fut à l'origine de l'installation et du développement d'un bourg de Francs. La tradition est encore conservée de nos jours dans le Barrio de Francos *(Quartier des Francs)*. Sa rue Mayor porte également le nom de Burgo *(bourg)*, nom qui se répète tout au long du Chemin. C'est une rue typique du pèlerinage: le hameau et les palais blasonnés aux armoiries de pierre se distribuent le long de son axe. La ville avait droit de siège à la cour. Plusieurs hôpitaux de pèlerins s'y établirent. La Higa, majestueuse montagne de 1.289 m de hauteur, domine Monreal de son profil conique, couronné à l'époque moderne par l'ermitage de Santa Bárbara.

Monreal. Pont médiéval.

Le château de Tiebas fut construit par Teobaldo Ier et démoli, comme tant d'autres châteaux navarrais, au XVIème siècle. Teobaldo, musicien et trouvère, honora fréquemment ce lieu de sa présence. Teobaldo II, son fils, le déclara résidence royale.

Tiebas. L'église paroissiale de Santa Eufemia est un beau temple de style gothique. Les armes de Teobaldo sont visibles sur la voûte du presbytère.

SANTA MARIA DE EUNATE

Eunate. L'église aux "cent portes", dédiée à Santa María. Un exemple singulier de l'art roman, dans la campagne solitaire. Son plan est octogonal, avec un portique indépendant. C'était un temple funéraire pour l'enterrement des pèlerins. Jalon vénérable de l'histoire du pèlerinage. Ci-dessus, détail de l'arcature et d'une abside.

SAN VIRILA (V. 870-950) ET SA LEGENDE

L'abbé Virila n'est pas un personnage légendaire. Son existence en tant qu'abbé du monastère de Leyre est parfaitement attestée. La légende apparaît plus tard et a été recueillie dans d'autres lieux. Le saint abbé était semble-t-il tourmenté à l'idée de l'éternité céleste et craignait de s'ennuyer durant un si long séjour. Il se dirigea un jour vers le sommet de la montagne et s'arrêta au bord d'une source. Un oiseau bleu passa et l'enthousiasma de ses gazouillements pendant quelques secondes. A son retour, il découvrit que le sentier avait changé, le monastère était transformé, les moines inconnus, et lui même fut reçu comme un personnage anachronique. C'est le moine archiviste qui put tout éclaircir: la chronique monacale racontait que, trois cents ans auparavant, l'abbé Virila était parti dans la montagne et qu'il n'était pas revenu. On supposait qu'il avait été dévoré par une bête féroce. La statue de saint Virila et une partie de ses restes témoignent de l'histoire au monastère de San Salvador de Leyre.

Relief de la Fontaine de la Virila.

Détail des peintures murales de San Juan de la Peña.

Sangüesa. Saint Jacques pèlerin sur le tympan de l'église de Santiago.

III De la Navarre a la Rioja, a travers les terres hospitalieres

Le trajet du pèlerin commence à Puente la Reina et se déroule dans sa presque totalité dans la région de Navarre -Logroño, la capitale de la Rioja, n'est qu'à quelques kilomètres de la Navarre-. Aymeric Picaud se montra réprobateur et hostile et ne ressentit aucune sympathie envers ses habitants. Depuis ce lointain XIIème siècle, lorsque Picaud rédigea son *Liber Sancti Iacobi*, les Navarrais s'efforcent de vaincre ce stigmate injuste en proposant le visage aimable d'un peuple qui accueille les pèlerins avec l'ancien sens de l'hospitalité.

Le pèlerin se trouve à l'un des endroits mythiques du Chemin: Puente la Reina. Le monument qui commémore ceux qui, tout comme vous, suivent le long sillage du Seigneur Saint Jacques, est à une croisée de chemins se fondant en un seul en cet instant. Le Chemin de Saint-Jacques entre dans Puente la Reina à la hauteur de la sobre Eglise du Crucifijo (*Crucifix*), dont le nom provient de l'émouvante statue gothique du Crucifié, d'origine rhénane, qui y est conservée. En face de l'église, à la voûte en croisée d'ogives, se trouvent le couvent et l'hôpital. On atteint bientôt la Rue Mayor ou Rúa de los Romeus, bordée de maisons seigneuriales aux énormes vestibules et aux escaliers royaux, et dont les façades sont décorées d'armoiries magnifiques et de légendes moralisatrices. On trouve également dans cette rue des commerces traditionnels au charme ancien, lieux de passage obligé pour s'informer des affaires de la ville. Il y a aussi l'Eglise de Santiago (*Saint-Jacques*), connue pour sa caractéristique façade romane polylobée, sur laquelle le voyageur verra une statue gothique de Saint Jacques Pèlerin, connu populairement comme *beltza*, qui veut dire noir en basque. Le nom rappelle simplement la couleur qui la caractérisait au moment de sa découverte dans un grenier. Sur le point d'abandonner Puente la Reina, le pèlerin doit traverser le pont sur la rivière Arga, construit par la reine doña Mayor, épouse de Sancho III de Navarre, dans la première moitié du XIème siècle. Il comprend six arches et deux tours - l'une d'entre elles disparue.

La partie du Chemin qui attend le pèlerin est dense en villages et riche en monuments. Cela contribuera à adoucir la dureté de la marche, parmi des terres agrestes de couleur ocre, semées de céréales et de vignes. Le Chemin se dirige

A gauche: Cirauqui. Chaussée et pont romains reconstruits au Moyen Age.
Ci-dessous: Puente la Reina. Très importante croisée des chemins.

SANTIAGO *BELTZA* ET SON EGLISE

A la grande surprise des visiteurs, certaines villes importantes du Chemin eurent par le passé une église dédiée à l'apôtre Saint Jacques mais n'en conservent aucune actuellement. Ce n'est pas le cas de Puente la Reina. L'église de Santiago (*Saint Jacques*) apparaît au regard du pèlerin de façon quelque peu surprenante dans la rue Mayor ou rúa de los Romeus, qui n'est autre que le propre Chemin traversant la ville de bout en bout. Il reste du temple primitif roman élevé au XIIème siècle, au moment où Puente la Reina commençait à se développer, un beau portail à cinq archivoltes polylobées et à l'incontestable influence arabe (qui se répétera à Cirauqui et à Estella). Dans son intérieur gothique, remarquez la célèbre statue de Santiago Peregrino *(Saint Jacques Pèlerin)* (XIVème siècle), que tout le monde désigne sous le nom de *beltza*. En euskarien - langue que le pèlerin entendra souvent en Navarre -, ce mot signifie *noir* et fait allusion à la couleur qu'avait la statue lorsqu'elle fut sauvée de l'abandon, du temps et de l'oubli. Après une minutieuse restauration, son aspect actuel ne rappelle en rien le surnom affectueux qu'elle reçut alors. Du haut de son piédestal, un Saint Jacques à l'abondante barbe sombre et frisée observe le pèlerin: d'une main il tient délicatement un bourdon tandis qu'il relève de l'autre le manteau doré aux multiples plis dont il est enveloppé.

Statue de Saint Jacques "Beltza".

Puente la Reina. L'église de Santiago conserve, en dépit des modifications du XVème siècle, des vestiges romans du XIIème siècle, comme on peut le voir sur l'un de ses portails.

LA LEGENDE DU *TXORI*

Tout au long du Chemin, il est possible d'entendre de nombreuses histoires légendaires tout à fait curieuses. Entre toutes, la légende du *txori* est probablement l'une des plus populaires et des plus répandues de la zone que traverse maintenant le pèlerin. On la raconte à Puente la Reina. Un petit temple avec la statue de la Vierge du Puy fut jadis construit sur le magnifique pont enjambant les eaux de la rivière Arga. A plusieurs reprises, les habitants de Puente la Reina observèrent l'arrivée d'un petit oiseau - sens du mot *txori* en euskarien -. A l'aide de son bec, il versait de l'eau de la rivière sur le visage de la Vierge et de l'Enfant, et les caressait de ses ailes. Chaque année, les habitants attendaient avec impatience l'apparition de l'oiseau et son comportement aussi amoureux qu'inexplicable. Il y a longtemps que la statue de la Vierge a été transférée du pont à l'église de San Pedro, une belle construction gothique du XIVème siècle, mais la légende n'a pas été oubliée. Elle se perpétue à travers le nom de Virgen del Txori, *la Vierge de l'Oiselet*, nom populairement utilisé depuis lors pour désigner la Vierge du Puy.

Puente la Reina. Le Chemin sort de la ville à travers le pont construit par la reine Doña Mayor.

Puente la Reina. Le nom de la ville provient du beau pont de pierre sur la rivière Arga, construit par la reine Doña Mayor, épouse de Sancho III de Navarre. C'est par là que le chemin de Saint-Jacques quitte l'agglomération.

maintenant, en une montée lente et difficile, vers la ville de Mañeru avec son calvaire du XVIème siècle, ses belles maisons armoirées et l'imposante église de San Pedro, du XVIIIème siècle, contemporaine d'une fontaine: nombreux sont ceux qui s'y sont reposés et qui s'y reposeront comme le pèlerin. Nous continuons à monter pour atteindre Cirauqui, où l'histoire nous transporte au temps des Romains, dont nous allons connaître les chemins. En effet, Cirauqui conserve plus de trois kilomètres véritablement spectaculaires de la chaussée romaine d'Iguste et, lorsque le Chemin abandonne la ville, il suit une chaussée et un pont romains modifiés au Moyen Age. La ville conserve encore son tracé médiéval, des restes de la muraille et une porte ouverte au XIIIème siècle, par laquelle le pèlerin est justement entré à Cirauqui. Les arcades de l'Hôtel de Ville protègent le Chemin de leur ombre bienfaisante. La contemplation de l'église de San Román -romane du XIIème siècle avec des réformes du XVIIème- pose une énigme au pèlerin: son portail, polylobé avec de petits arcs en ferronnerie d'influence musulmane lui rappelle un autre endroit, mais lequel? Il ne faut pas oublier non plus

Au centre, à gauche: Cirauqui conserve de nombreuses traces de ses origines médiévales.
Au centre, à droite: Cirauqui. Eglise de San Román (XIIIème siècle). Portail.
En bas, à gauche: Pont médiéval sur la rivière Salado, avant Lorca.
En bas, à droite: Villatuerta. Pont du XIIIème siècle sur la rivière Iranzu.

l'église de Santa Catalina, ni les nombreuses maisons nobles construites entre les XVIème et XIXème siècles, ni le Fort d'Esquinza qui, situé au sommet de Montesquinza, est une ancienne base militaire des Guerres Carlistes. Mais nous devons poursuivre, et Lorca n'est plus bien loin. Pour l'atteindre, il faut traverser obligatoirement le pont sur la rivière Salado (*rivière salée*). Aymeric Picaud y situe un épisode pour le moins extravagant au cours duquel deux de ses chevaux moururent après avoir bu de ses eaux mortelles, et à cause de la mauvaise foi de deux Navarrais. Le pèlerin abandonne Villatuerta et son pont médiéval. Il est impatient d'atteindre Estella, où montagne et rive navarraises s'unissent. Le Chemin traverse la rivière Ega par le pont de la prison et arrive dans la Calle de la Rúa, offrant ainsi au pèlerin une partie de l'histoire de la ville: l'église du Santo Sepulcro, le monastère de Santo Domingo ou l'église romane de San Pedro de la Rúa, dont le magnifique et élégant cloître -en d'autres temps cimetière de pèlerins- s'écroula en partie en 1572, lorsque Philippe II ordonna la destruction du château de Zalatambor. Après avoir gravi les marches d'un escalier grandiose, le pèlerin contemplera le portail de l'église et se sou-

Au centre, à gauche: Estella. Porche roman de l'église de San Miguel.
Au centre, à droite: Estella. Eglise de San Pedro de la Rúa.
En bas: Estella. Palais Royal de style roman civil (XIIème siècle).

viendra alors de deux villes: l'église de Santiago à Puente la Reina et l'église de San Román à Cirauqui. La raison en est, de nouveau, un magnifique portail polylobé. Mais si le pèlerin veut véritablement connaître Estella, il doit abandonner momentanément son Chemin pour se perdre dans les rues à la recherche du Palais Royal -exemple de l'art roman civil du dernier tiers du XIIème siècle, où se trouve le fameux chapiteau représentant Roland et Ferragut-, l'église de San Miguel ou la Place de San Martín, lieu d'établissement de Francs et de Juifs qui furent accueillis à Estella après le décret d'expulsion signé par les Rois Catholiques. Mais également l'ancien palais de l'Ayuntamiento (*mairie*), du XVIIIème siècle, où se trouvent aujourd'hui les Tribunaux de la ville, et de nombreux autres édifices nobles, magnifiquement décorés et restaurés: celui des Eguía (XVIème), des Ruiz de Alda (XVIIème), ou celui des San Cristóbal (XVIème siècle), également appelé Casa de Fray Diego de Estella, qui sert actuellement de Maison de la Culture.

Depuis Estella, les pas du pèlerin prennent la direction d'Ayegui, où se trouve le monastère bénédictin de Santa María de Irache. Déclaré Monument National en 1887, son existence est attestée dès le Xème siècle. Vers la moitié du siècle suivant, il accueillit l'un des premier hôpitaux du Chemin et connut précisément à cette époque la plus grande prospérité de toute son histoire. Au cours du XVIIème siècle, une importante Université s'y développa. On y enseignait les Lois, les Arts, la Théologie et la Médecine. Le déclin du monastère arriva au XIXème siècle avec la Guerre d'Indépendance et les avatars politiques postérieurs. Il culmina définitivement en 1839 avec la sécularisation des moines bénédictins. Son histoire récente n'est plus liée à l'Ordre de Saint Benoît, mais à celui des Pères des Ecoles Pies.

Les arrêts suivants sont Azqueta, Urbiola et Villamayor de Monjardín, avec ses ruines du château de San Esteban et des caves produisant d'excellents vins blancs. Le pèlerin peut bien se réserver quelques plaisirs, comme tant d'autres avant lui l'auront sûrement fait. Le Chemin lui montrera un peu plus loin un réservoir roman construit en l'an 1200, et continuera en direction de Los Arcos. Le marcheur y trouvera des maisons sévères, des palais armoriés et des ermitages -parmi lesquels nous remarquerons celui de San Blas (XIIème siècle), un ancien hôpital-, ainsi que la magnifique église de Santa María. Il est possible d'y retrouver des éléments allant du XIIème siècle au XVIIIème siècle. Le pèlerin sera attiré par de nombreux détails: l'orgue, les sièges du chœur et, surtout, les retables. Ce n'est pas en vain que son Retable Majeur

Ci-dessous: Estella. Eglise du Santo Sepulcro. Façade gothique.
A droite, en haut: Ayegui. Monastère de Santa María de Irache.
A droite, au centre: Le Chemin de Saint-Jacques traverse des pays de vignobles.
A droite, en bas: Villamayor de Monjardín. Vue générale.

baroque est considéré comme l'un des plus importants de Navarre. Le Retable des Eulate est également magnifique, un hispanoflamand du XVIème siècle. La ville de Los Arcos possède également une belle légende à propos de saint Gregorio Ostiense, un des saints liés irrémédiablement au Chemin de Saint-Jacques-de-Compostelle. Saint Gregorio, maître de Santo Domingo de la Calzada, mourut à Logroño, et son cadavre fut placé, tel qu'il l'avait souhaité, sur le dos d'une mule pour être enterré à où celle-ci le laisserait. La mule sortit de Logroño par le chemin de Saint-Jacques-de-Compostelle. Lorsqu'elle arriva à Los Arcos, le cadavre du saint tomba sur le sol, faisant immédiatement jaillir une source. Le cadavre fut de nouveau chargé sur la mule. Celle-ci poursuivit son chemin jusqu'à Sorlada, où elle mourut et où fut alors enterré Saint Gregorio. Le pèlerin ayant décidé de faire un détour y verra la magnifique basilique du saint, vers laquelle se dirigent les Navarrais en procession le dimanche suivant le 9 mai.

Il faut traverser la rivière Odrón pour continuer le Chemin. Peu à peu, nous dépassons Desojo, Sansol -qui doit son nom à saint Zoilo- et Torres del Río, avec sa belle église du

Ci-contre: Los Arcos. L'église de Santa María domine le village.
Ci-dessous: Torres del Río. Vue générale.

Santo Sepulcro, si semblable par de nombreux côtés à celle d'Eunate et que le pèlerin, s'il a commencé son chemin à Somport, n'aura pas oubliée. Depuis Torres del Río, le chemin commence à grimper: ce n'est pas pour rien que la montée qu'entreprend avec difficulté le pèlerin reçoit le nom de *tue-ânes*. Il est vrai que l'arrivée à Viana compense largement l'effort du marcheur. Ville aux conserves célèbres et à la charcuterie savoureuse, au délicieux *pacharán (liqueur de prunelles)* et aux vins excellents à la dénomination d'origine annonçant la toute proche Rioja, la monumentalité de Viana et sa riche histoire sont reflétées dans l'église de Santa María -sa façade Renaissance est de toute beauté-, les ruines de l'église de San Pedro, les murailles, le tracé médiéval de la ville ou les maisons -certaines d'entre elles sont plutôt des palais- de familles au noms réputés: Eguílaz, Muzqui, Lanciego, Ripa, Ichaso, Zuazu, Aldunate...

Viana vient à peine de disparaître de la vue du pèlerin que celui-ci est déjà au milieu des vignes et des champs de blés de La Rioja. Et presque sans s'en rendre compte, dans sa hâte d'atteindre l'inconnu, le pèlerin traverse l'Ebre par un vétuste pont de pierre et entre dans Logroño.

Ci-contre: Viana. Portail méridional (XVIème siècle) de l'église de Santa María.
Ci-dessous: Viana. Etang de las Cañas, dans les alentours du village.

ESTELLA, UNE ANCIENNE DEVIATION DU CHEMIN

Les anciennes chroniques racontent, et la tradition s'en souvient, que le Chemin de Saint-Jacques-de-Compostelle allait de la ville de Villatuerta au monastère de Santa María de Irache à Ayegui, en passant par le versant de Montejurra, une montagne aux traditionnelles et encore récentes influences carlistes. A l'époque du roi Sancho Ramírez, vers l'an 1090, les moines de San Juan de la Peña formulèrent le désir de développer la ville de Zarapuz, qui se trouvait juste à côté du Chemin. Cependant, le roi décida de construire un château et de repeupler l'ancienne Lizarra. C'est ainsi qu'il fonda Estella et qu'il modifia le tracé du Chemin qui passa désormais par ce village. La raison alléguée par Sancho Ramírez devant les moines fut que "Lizarra était plus saine que l'endroit qu'ils avaient choisi de développer". Ce ne fut pas suffisant pour les convaincre des bonnes intentions du roi, qui fut obligé de leur offrir en échange le dixième de ce qu'il obtiendrait du village. Le roi accorda à Estella ledit Fuero de Jaca (Libertés de Jaca). La ville fut principalement peuplée par des Francs. C'est pourquoi, au XIVème siècle, les Ordonnances Municipales étaient toujours rédigées en provençal. La vieille ville conserve le tracé médiéval de la ville primitive ainsi que des vestiges des murailles, des portes, des églises et des ponts. Elle se développa et s'embellit tout au long des siècles de palais et de temples. C'est ainsi que de nos jours, nous pouvons contempler une agréable cité de presque 13.000 habitants, capitale de la région connue comme Tierra de Estella et centre industriel de tout premier ordre de la Communauté Autonome de Navarre.

Estella. Eglise de San Miguel. Elle possède un magnifique portique nord et une riche imagerie.

Estella. Pont de la Cárcel (Prison) et église de San Miguel.

VIANA, TERRE DE PRINCES

Le pèlerin se trouve dans une des villes les plus emblématiques du Chemin. Fondée en 1219 par le roi Sancho le Fort, de Navarre, à l'endroit du village de Cuevas, elle conserve une vieille ville authentique aux rues étroites, des murailles et d'extraordinaires et magnifiques maisons nobles des XVIème, XVIIème et XVIIIème siècles. Les églises n'ont rien à leur envier, même si celle de San Pedro, la plus ancienne de la ville (XIIème siècle) et qui assumait par ailleurs le rôle de forteresse, est en ruine. Celle de Santa María -lieu de représentation de drames sur l'Eucharistie au Moyen Age- fut sans cesse modifiée tout au long des siècles. Il est ainsi possible de suivre les influences et de retrouver des éléments allant du XIIIème au XVIIIème siècle.

Mais il y a beaucoup d'autres pistes à suivre à Viana. Par exemple, les arcades des murailles, les vestiges de la juiverie de Torreviento (en dehors de la ville, sur le chemin de Logroño), la sépulture de César Borgia -qui perdit la vie au cours d'une bataille-, l'Hôtel de Ville, le balcon officiel pour les corridas -situé sur la place du Coso *(arènes)*- ou le fait que l'héritier de la couronne de Navarre porte le titre de prince de Viana. Mais citons aussi la présence importante et toute proche de l'Hypogée de Longar (Néolithique: 2500 av. JC) et du lac du barrage de Salobre, refuge hivernal des oiseaux marins déclaré Réserve Naturelle.

Viana. Eglise de Santa María

UN PHARE AU MILIEU DES TERRES: L'EGLISE DU SANTO SEPULCRO DE TORRES DEL RIO

Torres del Río dévale le versant de la colline. Parmi les maisons, on trouve un joyau architectural: l'église du Santo Sepulcro *(Saint Sépulcre)*. Déclarée Monument Historique Artistique en 1931, elle est considérée comme l'un des plus beaux exemples de l'art roman de Navarre. Son plan est octogonal. Son extraordinaire voûte en croisée d'ogives, d'influence arabe, laissera le pèlerin sans voix. L'église du Santo Sepulcro fut élevée au XIIème siècle, probablement par les chevaliers du même nom. Certaines de ses caractéristiques rappellent d'ailleurs la basilique du Saint Sépulcre de Jérusalem. Une hypothèse fondée affirme que l'église du Santo Sepulcro est l'une des manifestations les plus authentiques de tout le Chemin de Saint-Jacques. En effet, la nuit, on allumait un feu dans la lanterne de l'édifice, parfaitement visible de l'extérieur, et l'église se transformait ainsi en phare. Elle conserve par ailleurs une importante sculpture romane du Crucifié de la fin du XIIIème siècle, un baptistère très original et d'intéressantes ferrures sur la porte imitant la croix caractéristique de l'Ordre de Saint-Jacques.

Eglise du Santo Sepulcro

Ce monument au pèlerin est situé à l'endroit où les chemins navarrais et aragonais se rejoignent. Depuis la France, tous deux entrent en Espagne, le premier par Roncevaux et le second par Somport. Les deux Chemins ne font ici plus qu'un et, unis, ils entrent dans Puente la Reina.

Ayegui. Les pèlerins se souviennent toujours du Monastère d'Irache, et pas seulement à cause de sa monumentalité et de son intéressante histoire. C'est aussi à cause de sa fameuse fontaine d'eau et de vin. L'eau calme la soif du voyageur. Le vin égaie son esprit et lui donne des forces pour continuer de l'avant.

Estella. Baignée par la rivière Ega, c'est une ville ancienne -on y trouve des témoignages archéologiques de toutes les époques. Mais c'est surtout une ville médiévale: elle joua un rôle culturel et économique important à partir du XIème siècle.

Calvaire à l'entrée d'Estella.

Estella. Portail polylobé de San Pedro de la Rúa. L'intérieur présente des trésors remarquables, surtout romans. A noter également le cloître, dont il reste deux ailes.

L'ermitage de Nuestra Señora del Poyo, ancienne auberge de Pèlerins, entre Torres del Río et Viana.

Los Arcos. Le singulier Portal de Castilla fut érigé au XVIIème siècle. Il fallut le restaurer en 1739, sous le règne de Philippe V. Les trois écussons représentent les armes royales et celles de Los Arcos.

IV De Logroño a Santo Domingo de la Calzada, le chemin des saints

Aucune région d'Espagne n'a porté autant de ses fils devant les autels. Sans avoir à nous écarter de notre route, nous rencontrons Saint Formerio, Saint Prudencio de Armentla, Saint Millán de la Cogolla, Saint Domingo de Silos, Sainte Oria de Villavelayo, Saint Gregorio Ostiense, Saint Domingo de la Calzada, Saint Juan de Ortega, Saint Jerónimo Hermosilla... sans compter les bienheureux en attente de canonisation. Il n'est pas même jusqu'aux sandales de Saint François d'Assises qui ne se soient couvertes de la poussière de ce chemin, y fondant un couvent. Les pèlerins cherchaient -et cherchent- des traces qui alimentent leur dévotion sur le chemin de Saint-Jacques-de-Compostelle. Ils trouveront ici un sentier repu de sainteté.

Le pèlerin a traversé le pont de pierre sur l'Ebre pour entrer à Logroño, capitale de La Rioja. Capitale de nos jours, mais qui à la fin du XIème siècle devait être un village perdu. C'est de là que provient son nom, donné par les pèlerins germaniques: *groing*. Nous avons été *in illo groing*, dans ce bourg perdu où on traverse l'Ebre et par où on entre en Espagne. *Illo* s'unit à *groing* et donna *Logroño*. Alphonse VI y fit construire un pont (qui fut ensuite réparé par Juan de Ortega), lui donna des lois et l'énergie de bourgeois francs et le bourg perdu se transforma en capitale de la région. Elle se développa comme une ville typique du Chemin, c'est-à-dire tout au long d'un axe appelé Rúa de los peregrinos *(rue des pèlerins)*, de nos jours Rúa Vieja, par où nous recommandons au marcheur d'effectuer son entrée. Le mot rúa est d'origine française, ce qui laisse supposer qu'elle fut baptisée par les pèlerins.

Nous pourrions établir notre parcours religieux en nous guidant des arabesques des cigognes au-dessus des tours. Nous trouvons un ermitage accueillant dédié à saint Gregorio Ostiense ("Petite et mignonne: ¡combien de fois de par le monde t'aurai-je pleuré!", dit la jota), qui rappelle à notre mémoire le maître des deux saints réparateurs de ponts du Chemin de Saint-Jacques-de-Compostelle. Un peu plus loin, nous pouvons nous rafraîchir à la Fontaine du Pèlerin et visiter presque en face l'église de Santiago, avec le saint représenté à l'entrée en tant que pèlerin et matamore sur un cheval entier, qui a donné lieu à la malice du refrain: "Avoir plus de couilles que le cheval de Santiago" est dit dans toute l'Espagne pour se référer à un caractère entier. A l'intérieur de cette église, nous prierons devant la Vierge de la Esperanza, statue gothique objet de la dévotion de tous les habitants de Logroño: les traditionnelles familles de bien viennent y consacrer leurs enfants. Tout près, se trouvent l'église de Palacio avec sa flèche gothique, celle de San Bartolomé avec son portique bigarré, également gothique, la Cathédrale de la Redonda avec ses tours jumelles baroques et avec un véritable musée d'art à l'intérieur. Tout cela dans un mouchoir de poche. Nous pourrions raconter de

A gauche: Les tours jumelles de la Cathédrale de Logroño.
Ci-dessous: Logroño. Un des ponts sur le fleuve Ebre.

nombreuses histoires de saints, de chevaliers, poètes, clercs, aventuriers, guerriers, sorcières, vauriens... Mais il n'y a pas que les souvenirs des temps passés: nous vous recommandons un petit détour par l'Espolón pour partager la paix du soir à l'ombre du général don Baldomero Espartero, entouré de grands-parents et petits-enfants, de jeunes filles pimpantes et d'amoureux; et, puisque nous y sommes, nous recommandons aussi de prendre à midi la rue du Laurel, remplie d'auberges, où employés et vendeurs, ou tout simplement des groupes d'amis, prennent l'apéritif avant le repas. Mais, at-

Ci-dessus: Logroño. Saint Jacques Matamore sur la façade de Santiago el Real.
Ci-dessous, à gauche: Logroño. Portail de l'église de Santiago el Real.
Ci-dessous, à droite: Logroño. Porche de l'entrée principale de la Cathédrale.
A droite: Logroño. Détail du magnifique portail de l'église San Bartolomé, qui représente la vie du saint.

CLAVIJO

Avant de traverser l'Ebre, nous avons longé un coteau qui reçoit le nom de Monte Cantabria. Une poche de romanité y résista jusqu'en 574. Sa domination par Leovigildo représente un jalon important de l'unité politique du royaume des Goths. A peine quinze ans plus tard, ce sera le tour de l'unité des croyances et des mentalités, grâce au troisième concile de Tolède.

C'est au Xème siècle et dans le bureau d'Albelda que la théorie politique de la récupération de la patrie perdue ou reconquista *(reconquête)* est formulée pour la première fois. La légende de la bataille de Clavijo n'est pas très éloignée, ni dans le temps ni dans l'espace. C'est là que les deux saints, l'apôtre Saint Jacques et le moine Saint Millán, intervinrent et gagnèrent le titre de patrons de l'Espagne. On leur mit une épée et une bannière dans les mains, on les mit sur un cheval et on leur exprima le vœu qu'ils restent à la tête de ce qu'on appela la "guerre divine". C'est de cette façon que nous les verrons représentés sur les porches et les retables.

Clavijo. Château près duquel, d'après la légende, eut lieu la fameuse bataille qui porte le nom de la ville.

tention, il ne faut pas boire à tous les comptoirs: ils sont trop nombreux et il faut garder la tête claire pour reprendre le chemin. Le marcheur partira par la porte du Revellín, dominée par les armoiries impériales de Charles V, en souvenir de l'exploit d'être restée inviolée des troupes françaises en 1521.

Nous quittons Logroño par les artères modernes, la rue Marqués de Murrieta et l'Avenue de Burgos. A la hauteur de la station service, nous tournons à gauche pour traverser le périphérique et suivre le chemin des pèlerins, bien signalé, qui monte parallèlement à la route jusqu'à Navarrete.

Cette ville comprenait un château, aujourd'hui disparu, et était une frontière très active dans les disputes entre Castillans et Navarrais; de nos jours, c'est un village prospère grâce à ses caves, ses ateliers de poterie et ses usines de conserve. Tout en haut de la colline du village, les rues conservent le tracé du XVIème siècle. L'église est magnifique, avec un retable baroque de toute beauté, dédié à l'Assomption de Notre Dame. Deux anecdotes, au passage: saint Ignace de Loyola se divertit ici durant ses années de jeunesse dissipée et eut quelques aventures chevaleresques et amoureuses; et c'est ici que naquit le grand Navarrete le Muet, peintre de Philippe II et l'un des classiques de l'Age d'Or de l'art espagnol.

Ci-dessus: Navarrete. Portail roman du cimetière, transféré depuis l'Hôpital, aujourd'hui disparu, de San Juan de Acre.

Navarrete eut un hôpital de pèlerins, appelé San Juan de Acre, fondé par Doña María Ramírez vers l'an 1200. Il en reste l'entrée romane, avec un triple arc évasé transféré au cimetière au XIXème siècle. Le pèlerin pourra le voir à la sortie du village, à gauche de la route. Navarrete possède une auberge moderne, propre et bien entretenue.

Avant d'arriver à Nájera, à gauche et sur une colline, nous verrons le village de Tricio, ville romaine. Il possède une magnifique église, musée varié de sculptures, reliefs et peintures. Mais pour voir un monument vraiment original, il suffit au marcheur d'entrer dans l'ermitage de Nuestra Señora de Arcos, où se superposent l'art roman tardif et le haut Moyen Age, le païen et le chrétien, le religieux et le funéraire. Un monument véritablement bigarré. Et unique à dire vrai.

Nájera conserve la dignité de son passé de cour de rois. Entre la rivière et la roche, la vieille ville fut dorlotée et caressée telle une fiancée par Sancho III l'Aîné, de Navarre, son fils don García IV, connu comme celui de Nájera, et son petit-fils Sancho IV, celui qui serait jeté dans le vide à Peñalén. Ferdinand III le Saint fut proclamé ici roi de Castille.

Le pont sur la rivière Najerilla fut tracé et réparé par Juan de Ortega. Il nous conduira au monastère de Santa María la Real, fondé par le roi don García en l'an 1054, lorsqu'il

arracha la place de Calahorra des mains des Maures. Il reste de cette époque les grottes, le panthéon de rois et infants et la statue de la Vierge qui préside maintenant le retable Renaissance. Elle vaut la peine que l'on s'agenouille pour la contempler. Le cloître des chevaliers, du XVIème siècle et au filigrane du gothique tardif (très abîmé depuis que les troupes françaises en firent leur quartier général pendant la Guerre d'Indépendance), abrite d'autres monuments funéraires nobles. Remarquons celui de don Diego López de Haro et celui de doña Blanca de Navarre, mère d'Alphonse VIII. Nous mentionnerons brièvement Esteban Manuel de Villegas, le poète anachorète du XVIIème siècle, qui se vanta toujours d'être originaire de Nájera, bien qu'il fût du village tout proche de Matute. La fraîcheur de la rivière Najerilla se fait sentir à la relecture du "zéphyr suave, doux voisin de la verte forêt".

A la sortie de Nájera, le marcheur a le choix entre deux routes: ou continuer directement vers Santo Domingo de la Calzada ou se dévier vers San Millán de la Cogolla en suivant la route tout d'abord parallèle à la rivière Najerilla puis à la ri-

Ci-dessus: Nájera, dont les grottes cachent de nombreuses légendes. Certaines d'entre elles furent utilisées comme habitation.
Ci-dessous, à gauche: Logroño. Rúa Vieja. Ci-dessous, au centre: Logroño. Fontaine des Pèlerins. Ci-dessous, à droite: Navarrete. Motifs illustrant le pèlerinage.

vière Cárdenas. Poussé par la dévotion ou la curiosité artistique, nous conseillons au pèlerin la seconde tentation. Elle n'est pas coupable.

Nous recommandons l'itinéraire suivant: prendre le chemin de Santo Domingo jusqu'à Azofra, faire un détour par Alesanco et entrer dans son église pour saluer l'Apôtre Saint Jacques, visiter le monastère de Cañas, dont l'église est du gothique cistercien le plus austère joint à la merveilleuse lumière presque liturgique de ses baies, avoir une pensée pour Saint Domingo de Silos qui naquit ici, passer par Berceo, patrie du maître D. Gonzalo, et pénétrer dans la vallée de San Millán. Le poète devait bien la connaître, puisqu'il l'a décrite comme "refuge du pèlerin", "lieu désirable pour celui qui a besoin de repos".

Nous revenons sur nos pas sur environ six kilomètres, jusqu'au croisement de Villar de Torre. La route de gauche nous conduit au village de Cirueña, théâtre de la félonie que les Navarrais commirent envers le comte Fernán González. Juste après le village, nous bifurquons à nouveau sur la gauche en suivant un sentier peu fréquenté mais que connaissent tous les pèlerins de ce monde: au loin, dominant l'horizon, la tour de Santo Domingo de la Calzada.

Ci-dessus: Les contrastes de la campagne dans La Rioja.
Ci-dessous: Monastère de Cañas. Sépulcre de doña Urraca López de Haro.

NAJERA. MONASTERE DE SANTA MARIA LA REAL

Le cloître de toute beauté, aux quelques éléments gothiques et surtout Renaissance, est rempli de symboles. Santa María la Real, aux nombreuses légendes, préside le retable de l'église. A noter également la dalle romane du sépulcre de doña Blanca de Navarre, épouse de Sancho Le Désiré et morte en 1156 en donnant naissance au futur Alphonse VIII. Sur les autres images, détails des somptueuses stalles et du Panthéon Royal.

SAN MILLAN, LA TENTATION PIEUSE

Les deux monastères de la Cogolla ont été récemment déclarés Patrimoine de l'Humanité. Les influences culturelles et religieuses ne peuvent pas se résumer en quelques lignes. Suso est une institution depuis le VIème siècle. Il reste de cette époque d'abondants témoignages de la vie monastique rupestre du temps du fondateur. Les construc-

San Millán de la Cogolla. Intérieur du monastère de Suso et sépulcre roman de Saint Millán.

tions, en revanche, sont mozarabes, des Xème et XIème siècles. N'oubliez pas de contempler le cénotaphe du Saint, du XIIème. Dans le monastère de Abajo *(d'en-bas)* ou d'Yuso, nous pouvons contempler des ivoires romans, un cloître et une église de la Renaissance, de nombreuses peintures baroques, des cuivres flamands, des fresques néoclassiques, de la ferronnerie... mais d'abord et surtout les saints ossements du fondateur, Saint Millán, berger des moutons puis berger des hommes, chef d'une communauté de moines vers le milieu du VIème siècle, patron de Castille reconnu au Moyen Age. Sa dévotion est vivante et accueillante. Tout aussi accueillante que la communauté de frères augustins récollets, qui poursuivent l'histoire bénédictine, si importante, des siècles précédents.

Monastère d'Yuso. Ivoire du XIème siècle: Saint Millán et ses disciples Aseo, Geroncio et Sofronio.

Vue générale de San Millán de la Cogolla. Monastère d'Yuso.

De Santo Domingo de la Calzada a Burgos a travers les Monts d'Oca

V

Les Monts d'Oca ont toujours représenté un obstacle dans la remontée de la vallée de l'Ebre vers le plateau castillan. Il est vrai que leurs cotes ne sont pas très élevées, mais les Romains ont pourtant préféré les contourner et ouvrir un chemin depuis Cerezo de Río Tirón à Briviesca, et un autre qui passait par la Vallée de los Ajos, depuis Villafranca vers le Nord. Le christianisme de l'antiquité tardive ou pré-wisigothique était arrivé jusque là, puisque nous avons la signature d'un évêque d'Oca dans les actes des conciles de Tolède. Ce n'est que vers la moitié du XIème siècle que cette frontière sera franchie, grâce aux rois Garcés de Nájera.

Mis à part les difficultés orographiques, il fallait tenir compte également de la crainte des brigands qui ne respectaient pas excessivement la dévotion de pèlerins et marcheurs. On dit encore quelquefois, lorsqu'un enfant essaie de s'approprier ce qui ne lui appartient pas: "Laisse ça tranquille. Pour voler, tu as les Monts d'Oca."

La sécurité du pèlerin fut finalement garantie par la crainte inspirée par le roi, mais également par la charité entreprenante de deux saints, aujourd'hui reconnus comme les patrons des architectes: Saint Domingo de la Calzada, mort en 1109, et Saint Juan de Ortega, mort en 1163; ils tracèrent des pistes, levèrent des ponts, ouvrirent des auberges. Quel soulagement devait sentir le pèlerin à la vue dans le lointain, au milieu des effrayantes forêts de chênes, de la tour du monastère de San Juan de Ortega! Un accueil chaleureux, une réconfortante soupe castillane et un lit propre les y attendaient. Les y attendaient et nous y attendent.

A Santo Domingo de la Calzada, tout semble disproportionné. On raconte que le saint déboisa les forêts avec une faucille et que sans rien savoir d'architecture il construisit une église, un hôpital et un pont: celui d'aujourd'hui a rien moins que vingt-quatre arches pour traverser un gué presque toujours à sec. On dit aussi que les poules rôties sautaient du plat pour témoigner en chantant de l'innocence d'un jeune pèlerin. La ville a des prétentions de siège épiscopal avec une ca-

A gauche: La tour indépendante de la Cathédrale de Santo Domingo de la Calzada.
Ci-dessous: Santo Domingo de la Calzada. Pont médiéval à l'entrée de la ville.

thédrale et un chapitre, mais sans diocèse propre. Et enfin, la tour de la cathédrale ressort tellement sur le paysage qu'elle semble avoir servi de repère à la convergence des routes et des chemins. Ville petite et agréable, c'est l'un des lieux les plus célèbres du Chemin de Saint-Jacques-de-Compostelle, auquel elle doit ses origines, son nom et sa célébrité.

Pour confirmer l'hyperbole, la rivière Oja, qu'ils appellent rivière et n'est que graviers, est parvenue à donner son nom à toute la région: la Rioja.

La cathédrale est dédiée au Sauveur et construite sur l'église que le Saint avait édifiée; elle possède encore un caractère roman très marqué dans la carole, derrière le maître-autel; d'autres chapelles ont été rénovées suivant le style gothique afin d'accueillir des monuments funéraires nobles. Il faut admirer dans le temple le grand retable de Forment, qui présidait il y a peu encore la nef centrale. Actuellement, il a été transféré, suivant des critères plus que discutables, à une chapelle latérale de la croisée du transept. L'unité de l'espace artistique et culturel est ainsi perdue: les couleurs de Forment attirent inévitablement le regard vers le côté et le dévient du maître-autel.

Le sépulcre du Saint, de style Renaissance mais avec un gisant de transition au gothique. Les stalles du chœur. Et la surprise d'entendre chanter, dans le temple, le coq et la poule du miracle.

Admirons en sortant, si nous ne l'avons pas fait en entrant, la belle allure de la tour indépendante. Elle reçoit le nom de "jeune fille de la Rioja". En face de la tour, le parador national de tourisme, adapté au confort moderne, mais qui conserve des vestiges de celui que construisit le Saint. Avant de quitter l'enceinte urbaine, nous longerons les pans de la vieille muraille et le couvent de San Francisco, dont l'église fut construite suivant le plan d'Herrera. Sur la petite place de cette église, nous saluons un monument au pèlerin avant de traverser le pont.

Aux Xème et XIème siècles, Grañón fut le siège de plusieurs monastères qui finirent par passer dans l'orbite de San Millán de la Cogolla. Il conserve de remarquables monuments: une église avec un magnifique retable, soit de Forment soit de ses disciples immédiats, un minuscule Ermitage des Juifs avec

Ci-dessus: Santo Domingo de la Calzada. Décoration romane dans la Chapelle Majeure de la Cathédrale. **Ci-contre:** Santo Domingo de la Calzada. Chapelle Majeure de la Cathédrale. **Page précédente:** Santo Domingo de la Calzada. Cathédrale. Retable Majeur, baroque, œuvre de Damián Forment.

LA POULE QUI CHANTA APRES AVOIR ETE ROTIE

Ecoutez le miracle de la poule. Au XIVème siècle, une famille de pèlerins (dont la légende ne sait si leur attribuer une origine française, allemande ou même grecque) fait une halte à Santo Domingo. Les jeunes filles de l'auberge devaient être à cette époque quelque peu effrontées: Küning von Vach raconte que l'employée de l'auberge de Navarrete "se montrait très grivoise avec les pèlerins". Celle de Santo Domingo devait être aussi hardie: elle tente et s'empresse auprès du jeune fils de ses hôtes, appelé Hugo ou Hugonell. Le jeune homme repousse la tentation et l'hôtelière, dépitée, dissimule une coupe de grande valeur dans le baluchon de celui-ci. Surpris avec la pièce volée, il est condamné à être pendu. Ses parents continuent jusqu'à Saint-Jacques-de-Compostelle. Au retour, ils vont voir leur fils, qui pend toujours à l'échafaud. C'est alors qu'ils l'entendent leur dire qu'il est encore vivant grâce à l'intervention de Saint Domingo en faveur de son innocence. Ils se rendent chez le corrégidor, qui est sur le point de découper une poule rôtie. Le corrégidor se moque de leur histoire et dit qu'il la croira si la poule qu'il se disposait à manger est capable de caqueter. Et la poule sauta et chanta. C'est de là que vient le proverbe "Santo Domingo de la Calzada, où la poule chanta après avoir été rôtie".

Ce récit a une longue tradition tant en Espagne qu'à l'étranger. Une tradition littéraire et iconographique. Elle ne pouvait évidemment pas manquer dans sa patrie d'origine; sur la droite à l'entrée de la cathédrale, nous trouverons toujours un coq et une poule, vivants et en pleine santé, prêts à lancer leur cocorico au moment le plus solennel des célébrations liturgiques.

Cathédrale de Santo Domingo de la Calzada. Ci-dessus, *l'image du saint dans le sépulcre;* ci-contre, *les poules, en souvenir du miracle.*

Santo Domingo de la Calzada. Monument au pèlerin, œuvre de Vicente Ochoa, et ermitage du saint.

TOURS DE GUET

Vue de Belorado depuis les vestiges du château.

Cette région entre la Rioja et la Castille a vu la ligne frontière entre les vieux royaumes se déplacer maintes et maintes fois, sans que ses habitants aient leur mot à dire.

Lorsque leur comte fuit de sa prison de Castroviejo, vers la moitié du Xème siècle, et qu'il lui arriva l'incident amusant du mauvais clerc, c'est de Belorado que les Castillans de Fernán González partirent pour aller le délivrer. Ils firent le même trajet pour la bataille de la Cuesta Degollada, un simple raidillon entre Nájera et Santo Domigo. L'héritage de Sancho l'Aîné remit la Bureba et la région des Monts d'Oca au royaume de Navarre. Le roi Ferdinand Ier de Castille refusa de se soumettre et défit le testament paternel lors de la bataille d'Atapuerca, lieu par lequel nous passerons plus tard et où le roi de Nájera, don García, mourut en 1054. Les prétentions d'Alphonse le Batailleur, au XIIème siècle, firent tout leur possible pour gagner dans ces terres des partisans favorables à l'Aragonais. Comme s'il prétendait gagner sur le terrain les batailles politiques devenues impossibles sur la couche de la reine Berenguela de Castille... Le même roi Batailleur repeupla et concéda des privilèges à Belorado... Une chaîne de petits châteaux, dont on voit des vestiges à Santo Domingo de la Calzada, à Grañón et à Belorado, date probablement de ces guerres du XIIème siècle. Les autres ont du disparaître. Il n'est pas nécessaire de monter très haut pour voir les créneaux de l'un depuis les créneaux de l'autre, ce qui nous laisse penser qu'ils servaient probablement de tours de guet et non pas de châteaux défensifs. Les alarmes étaient transmises par des signaux de feu et pouvaient traverser l'Espagne en deux journées. C'est ainsi que le décrivait le poète: "Les rayons de la lune découvrirent les boucliers. Les boucliers avertirent les guetteurs muets. Les guetteurs, les feux. Et les feux, les cloches". Et nous parcourons ces terres vénérables, jadis lieux d'alarmes, aujourd'hui paisibles, à l'ombre des tours de guet.

Sur les monts escarpés, à droite, des cavités creusées dans la roche ressemblent à des entrées d'habitat rupestre. Elles l'ont été. On raconte qu'elles servaient de refuge à des ermites, mais elles furent plutôt un style de vie propre aux siècles peu sûrs du bas empire romain. L'une de ces grottes a été de nos jours transformée en ermitage.

Belorado fut un jour le bout de la Castille. Beaucoup d'histoire accumulée et peu de souvenirs de pèlerinage: une statue de saint Caprasio, un saint d'origine française, un Saint Jacques matamore et un autre vêtu de pèlerin dans l'église paroissiale, le pont sur la rivière Tirón, dont il est dit qu'il fut construit par Juan de Ortega... et rien de plus. Le dernier village de ces monts qui déversent leurs eaux dans l'Ebre est Villafranca Montes de Oca. C'était un ancien évêché wisigothique; d'après la légende, son histoire remonte à la christianisation initiale de l'Espagne par les disciples de l'apôtre Saint Jacques. L'église actuelle n'est pas mal du tout, malgré son aspect extérieur décrépit. Le nom de Villafranca unit le village au

Ci-contre: Grañón. Portail de l'église de San Juan Bautista.
Ci-dessous: Redecilla del Camino. Fonts Baptismaux (XIIème siècle).

d'excellents hauts-reliefs objets d'histoires macabres, un autre ermitage plus éloigné du village dédié à Notre Dame de Carrasquedo, dans un endroit agréable et délassant idéal pour la promenade... et un tracé urbain dans la partie centrale du village qui a conservé celui du XVème siècle.

Grañón est le dernier village du Chemin appartenant à La Rioja. Le premier village de Castille est Redecilla del Camino. Cette zone reçoit le nom de "La Riojilla", ou petite Rioja, soulignant ainsi les liens des terres et des gens, loin des décisions administratives. C'est ici que commence la montée vers les Monts d'Oca, en pente douce pendant quelques kilomètres. A Redecilla, il faut admirer des fonts baptismaux du XIIème siècle, en forme de coupe posée sur huit colonnes et décorée de huit tours qui recouvrent toute la face extérieure des fonts. Un joyau de l'art roman. Plus loin, Castildelgado posséda un hôpital de pèlerin, géré par Saint Millán. A gauche du chemin, Viloria de Rioja, patrie de Saint Domingo de la Calzada.

Ci-dessus, à gauche:
Belorado. Santiago Matamoros (Saint Jacques Matamore) sur le retable de l'église de Santa María.

Ci-dessus, à droite:
Belorado. Statue romane de Santa María de Belén dans son ermitage.

Ci-contre, à gauche:
Un autre Saint Jacques vêtu de pèlerin sur le retable de l'église de Santa María à Belorado.

Ci-contre, à droite:
Belorado. Magnifique sculpture romane dans l'église de San Pedro.

monde du pèlerinage, car il fait allusion aux franchises concédées aux pèlerins et à ceux qui les recevaient. Même ici se faisait sentir la puissance hospitalière du monastère de San Millán.

A Villafranca, commence le chemin difficile et pentu qui mène à San Juan de Ortega. Juste après le col de la Pedraja, nous voyons à gauche du chemin la fontaine du Carnero; à droite, l'ermitage de Valdefuentes: c'est tout ce qui reste d'un ancien prieuré cistercien. Pour une raison qui nous est inconnue, quelques vers de Gonzalo de Berceo ont été gravés sur une dalle; peut-être à cause des mots "logar cobdiciaduero". Nous recommandons de prendre une piste qui part de l'ermitage et qui nous conduira directement au sanctuaire de San Juan de Ortega.

Son emplacement actuel devait être jadis couvert d'orties, d'où son nom (*en espagnol ortie se dit ortiga*). Il s'agissait d'un des endroits les plus dangereux pour le voyageur de par la présence fréquente des bandits (*"nocte ac die iacopitetas interficientes et multos expoliantes;* qui de jour comme de nuit tuaient ou volaient les pèlerins de Saint-Jacques"), ce qui décida le Saint à y construire une église, auberge et plus tard maison de clercs réguliers de Saint Augustin, pour y pratiquer la charité d'accueillir le pèlerin.

En haut: Belorado. Ermitage de Nuestra Señora de Belén.
Au centre: Villambistia. Fontaine et architecture locale.
Ci-dessous, à gauche: Espinosa del Camino. Eglise de la Asunción.
Ci-dessous, à droite: Villafranca Montes de Oca. Tour de l'église de Santiago.

Page précédente:
En haut: Castildelgado. Village et paysage.
Au centre, à gauche: Eglise de Viloria de Rioja, patrie de Saint Domingo.
Au centre, à droite: Tosantos. Ermitage de la Virgen de la Peña.
En bas: Vue partielle de Tosantos.

A droite: *Entrée dans Viloria de Rioja, berceau de Saint Domingo de la Calzada.*

Au centre, à gauche: *Vestiges de l'ermitage de San Felices, à Villafranca Montes de Oca.*

Au centre, à droite: *Redecilla del Camino. La signalisation du Chemin aide le pèlerin à s'orienter.*

Ci-dessous: *Le pèlerin apprécie de tels endroits, où il peut se reposer et soulager sa soif. Fontaine du Carnero au col de la Pedraja.*

En haut: *Sanctuaire de Nuestra Señora de Oca.*

Au centre, à gauche: *Villafranca. Porte de l'ancien hôpital de San Antonio Abad, aujourd'hui transformé en auberge.*

Au centre, à droite: *Col de la Pedraja. Ermitage de Valdefuentes.*

En bas: *Atapuerca. Borne "Fin de Roi", qui rappelle la mort dramatique du roi navarrais Don García (en l'an 1054) aux mains de son frère Ferdinand Ier, roi de León et de Castille.*

LE TESTAMENT DE SAN JUAN DE ORTEGA

Le saint pratiqua la charité depuis Logroño jusqu'au sommet du col de la Pedraja. Mais son bien le plus précieux fut le sanctuaire qui porte son nom: San Juan de Ortega. Il s'y fit amener en brancard depuis Nájera pour y mourir. Il le conçut comme un monastère familial: son testament (dont on conserve le très intéressant document original) le légua, survivance comprise, à deux de ses neveux. Protégé des rois et pourvu de rentes généreuses, il devint un monument à la visite nécessaire pour les pèlerins. Isabelle la Catholique demanda au saint une descendance et donna le nom de Juan à son héritier. Il ne faut pas reprendre le chemin sans auparavant prier devant le sépulcre roman du Saint dans la crypte, ni devant son mausolée gothique dans le corps de l'église. Et il ne faut pas oublier non plus de déguster le *pisto* de soupes castillanes offert aux voyageurs. Au XVIIIème siècle, alors que les institutions étaient en pleine décadence, un auteur écrivait:

"Dans l'hôpital, c'est comme si le Saint continuait de nos jours sa merveilleuse charité. En effet, il n'y sent jamais mauvais et les pauvres y sont reçus d'une façon incroyable: on leur donne à manger dès leur arrivée, et il en arrive à toute heure. Le monastère est pauvre, mais les pauvres n'y manquent de rien".

Ce jugement est encore valable de nos jours.

Baldaquin gothique.

Sépulcre roman.

LE MYSTERE DE LA LUMIERE A SAN JUAN DE ORTEGA

Le 21 mars et le 22 septembre, jours équinoxiaux, à cinq heures de l'après-midi, un rayon de soleil illumine le triple chapiteau roman et son cycle de la Nativité.

Dans l'abside septentrionale, on trouve un chapiteau remarquable, avec une séquence des scènes du *cycle de la Nativité,* dont le thème rappelle le deuxième maître de Silos et nous montre un art naturaliste à la grande éloquence descriptive. A gauche, nous voyons l'*Annonciation:* la scène échappe à sa tranquillité conventionnelle grâce à la représentation de l'archange Gabriel, agenouillé devant Marie.

Puis c'est la *Visitation* de la Vierge à sa cousine Sainte Elisabeth, pour lui annoncer qu'elle a conçu Dieu en son sein; les deux cousines s'unissent en une étreinte conventionnelle de salutation tandis que Elisabeth met sa main gauche sur le ventre de sa cousine pour insister sur l'état de bonne espérance de Marie.

Accompagné de nombreux détails anecdotiques, le moment culminant du cycle, la *Naissance*, occupe la partie centrale. Sur la partie inférieure se trouve la Vierge, allongée sur le lit et aidée avec empressement par deux accoucheuses, Zélomi et Salomé.

Le cycle se termine avec l'*Annonce aux bergers*, représentée ici de façon simplifiée à cause du manque de place. Elle est simplement suggérée par un berger, au bonnet pointu, la veste laineuse et les mains appuyées sur sa houlette. Tout en faisant paître son troupeau, il écoute le message de l'ange qui lui montre de l'index de la main droite l'étoile et l'Enfant Jésus.

San Juan de Ortega. Chapiteau de l'Annonciation.

DES HOSPITALIERS SUR LE CHEMIN. SAN JUAN DE ORTEGA

Cours intérieure de l'hôpital, transformé depuis en auberge.

On raconte qu'il vécut entre 1080 et 1163. Mais ce n'est qu'au milieu du XVIIème siècle que le crédule historien Tamayo de Salazar rédige sa biographie, ce qui nous permet de soupçonner que les faits rapportés tiennent plus du domaine de la légende que de l'histoire proprement dite. Selon ses dires, entre 1109 et 1120, Juan, alors jeune prêtre, était allé en pèlerinage en Terre Sainte. Il rentrait dans sa patrie chargé de mysticisme, de reliques et de techniques de construction lorsque, au cours du voyage, il fut sauvé d'une tempête par l'intercession de saint Nicolás de Bari. Ceci expliquerait ses œuvres en faveur des pèlerins et la présence inhabituelle d'une chapelle, reliques incluses, dédiée à Saint Nicolás dans les Monts d'Oca. Mais il n'avait vraiment pas besoin d'aller jusqu'à Jérusalem pour trouver des pèlerins dont s'occuper...!

Nous ne disposons pas de récits hagiographiques de saint Juan de Ortega, mais il nous reste son œuvre. Ou plutôt, comme le disait frère Luis de León à propos de Sainte Thérèse, son œuvre et ses disciples; c'est-à-dire, son église, ses ponts et ses hôpitaux ainsi que, dans un premier temps, la communauté de chanoines réguliers de Saint Augustin, puis à partir du XVème siècle, de moines hiéronymites.

Les années du soi disant pèlerinage à Jérusalem correspondent aux aléas de la relation entre Alphonse le Batailleur et la reine Berenguela de Castille, qui eurent tant de conséquences néfastes pour les habitants de cette région de la Castille, ainsi que pour les pèlerins, évidemment. La question n'est pas de savoir si le roi aragonais fit don ou pas du village d'Ortega au saint. L'important, c'est qu'il consacra sa vie à ceux qui étaient dans le besoin, sans oublier les pèlerins. Son charisme de charité était contagieux et toucha même le roi Alphonse VII. Et aujourd'hui encore, alors qu'il n'y a plus ni chanoines réguliers ni moines hiéronymites, la bonté des habitants de ces terres perdure, à Santovenia, à Zalduendo, à Atapuerca et à Ortega. Ce sont les terres de Juarros.

San Juan de Ortega. Grille de l'entrée de la chapelle de San Nicolás et façade de l'église.

Pont de San Juan de Ortega et village d'Agés.

Vue de l'important chantier de fouilles d'Atapuerca.

Atapuerca. L'architecture sévère de l'église paroissiale de San Martín domine le village.

VI De Burgos a Boadilla del Camino, champs de Castille

L'image que le pèlerin avait de la Castille se fondra vite dans l'oubli. Car la Castille est faite de lieux communs, littéraires pour la plupart, qui ne correspondent pas totalement à la réalité. C'est effectivement un pays aux terres brunes ou blanchâtres tapissées de blés. Mais le jaune brûlé qui habite l'imagination du voyageur se transforme au printemps en une mer au vert intense, battue par le vent et colorée par les coquelicots. La Castille n'est pas non plus une plaine, mais une infinité de crêtes, de buttes et de collines. En revanche, il est vrai qu'elle est *vaste:* les champs de Castille se perdent à l'horizon, loin du regard du pèlerin.

Puisque nous en sommes aux idées toutes faites, il n'est pas non plus vrai que toutes les cathédrales impressionnent le pèlerin de la même manière. Le pèlerin n'a pas encore parcouru la moitié de son Chemin vers Saint-Jacques-de-Compostelle, et il a déjà vu et senti tant de pierres, d'histoires, d'anecdotes!

A gauche: Façade principale de la Cathédrale de Burgos.
Ci-dessous: Vue de Burgos et de sa Cathédrale depuis le château.

Cependant, à son arrivée à Burgos, le pèlerin a hâte de rencontrer sa Cathédrale. Il oublie ainsi de profiter du plaisir d'arriver à la rue de las Calzadas et de déboucher sur la Place de San Juan, sur laquelle donnait en son temps la plus ancienne des portes de la ville. La place est bordée des façades de l'Hôpital de San Juan -de nos jours Maison de la Culture-, de l'ancien monastère bénédictin également de San Juan et de la superbe église de San Lesmes. Saint Lesmes est un saint étrange pour beaucoup, sauf pour les propres habitants de Burgos bien sûr. C'était un moine bénédictin français, amené en Espagne par l'épouse du roi Alphonse VI, Doña Constance de Bourgogne, décidée à remplacer la liturgie mozarabe par la romane. Les rois octroyèrent au saint l'église de San Juan Evangelista et l'hôpital annexe. Il travailla à son fonctionnement et à son agrandissement jusqu'à la fin de ses jours. A sa mort, il fut enterré dans l'église qui porte son nom. L'édifice original a été détruit. A sa place a été construite l'église actuelle, du XIVème siècle, agrandie tout au long du XVème, et qui reçut au cours du siècle suivant son campanile et la rosace. Tandis que le pèlerin chemine vers la cathédrale par la rue de San Juan, siège au Moyen Age des artisans et des commerçants, il peut se rappeler quelques informations et dates intéressantes. Par exemple, la fondation la plus récente de la ville est attribuée à Diego Rodríguez Porcelo en 884, comme place forte du royaume de León face au pouvoir musulman.

Un siècle plus tard, Burgos était devenue la capitale d'un nouveau royaume: la Castille. Le roi Alphonse VI la transforma en siège épiscopal et y éleva une cathédrale romane primitive dont il ne reste aucun vestige. Le pèlerin est plongé dans le XIème siècle, et il est possible qu'il se souvienne mieux de Rodrigo Díaz de Vivar, le Cid Campeador, que du roi Alphonse VI. C'est le moment idéal d'utiliser le romancero, si vivant en ces terres castillanes: c'est précisément dans l'église de Santa Gadea -aujourd'hui Santa Águeda- que le Cid demanda au roi Alphonse VI de jurer qu'il n'avait tenu *ni art ni part dans la mort de son frère*.

En compagnie de l'histoire, cette bonne et agréable compagne, le pèlerin arrive devant la Cathédrale. Au-dessus de la porte de Santa María, surmontée par la rosace, se dressent les flèches au filigrane de pierre, conçues par Juan de Colonia. La Cathédrale est tout simplement... prodigieuse? superbe? grandiose? harmonieuse? Tout en cherchant les qualificatifs adéquats -n'oubliez pas *impressionnante*-, vous pouvez parcourir son périmètre et ses différentes portes (celle de la Pellejería, celle du Sarmental, celle de la Coronería) ou vous laisser charmer par son intérieur. Nous vous proposons par exemple la Chapelle du Santísimo Cristo -avec un Christ de bois doublé de peau de buffle, trouvé flottant dans l'eau par un marchand d'après la légende-; le cloître (XIIIème), le sépulcre de Gonzalo de Lerma sculpté par Felipe de Vigarny; l'Escalier Doré réalisé par Diego de Siloé; la Chapelle du Con-

Ci-dessous: Cathédrale de Burgos. Porte du Sarmental. **A droite, en haut:** Cathédrale de Burgos. Escalier Doré. **A droite, en bas:** Burgos. Maison du Cordón, le monument civil le plus important de la ville. Construite en 1482, elle fut le témoin, entre autres, de la réception faite par les Rois Catholiques à Christophe Colomb après son deuxième voyage.

LE MONASTERE DE LAS HUELGAS

Cloître roman, appelé les "Claustrillas".

Statue de Saint Jacques, dite de "l'accolade".

Le roi Alphonse VIII de Castille et son épouse Leonor de Plantagenet furent les artisans de la construction, à la fin du XIIème siècle, du Real Monasterio de las Huelgas. C'est là qu'ils furent enterrés, au côtés de nombreux infants, infantes et abbesses. Des religieuses cisterciennes s'établirent au monastère. Son abbesse disposait de pouvoirs extraordinaires -n'oublions pas l'époque et sa condition féminine-: sa juridiction comprenait 65 bourgs, elle pouvait battre monnaie et plusieurs monastères ainsi que de nombreuses églises dépendaient de son autorité. On raconte que le Pape Innocent III dut intervenir pour mettre fin aux excès d'une abbesse qui prétendait exercer la prédication et confesser ses religieuses. On dit aussi que le Cardinal Aldobrandino commentait avec goguenardise que si le Pape pouvait se marier, il ne trouverait de meilleure femme que l'abbesse de las Huelgas.

Outre l'élégante salle capitulaire, les cloîtres, les retables, les reliefs, les sculptures, la cour où l'on célèbre la fête du *Curpillos* -au cours de laquelle on peut admirer le Pendón de las Navas de Tolosa-, les tentures ou les étoffes, le Monastère de las Huelgas Reales possède une chapelle particulièrement émouvante pour le pèlerin. Il s'agit de la Chapelle de Santiago: elle contient une statue assise et articulée de Saint Jacques tenant dans sa main droite une épée. Dans cette chapelle aux influences mauresques, les rois étaient armés chevaliers et ils recevaient l'*accolade* des mains de l'apôtre lui-même.

Sépulcre gothique.

SIX PERSONNAGES SUR UNE PORTE

Au début du *Poème de Mío Cid*, il est dit que Rodrigo Díaz de Vivar partit de Burgos par la Porte de Santa María. Mais la porte franchie par le Cid n'avait probablement rien à voir avec celle que le pèlerin rencontre aujourd'hui, et qui date de 1536, date à laquelle elle fut modifiée par Francisco de Colonia et Juan Vallejo. Ils y aménagèrent six espaces pour y placer les statues de personnages insignes liés à Burgos. Parmi les six, le voyageur reconnaîtra sans doute le roi Charles I -qui régnait alors- et, bien évidemment le Cid Campéador. Deux autres niches accueillent Diego Rodríguez, fondateur de la ville, et Fernán González, artisan au Xème siècle de la réunification de plusieurs comtés qui seront, un siècle plus tard, à l'origine du royaume de Castille. Laín Calvo et Nuño Rasura sont peut-être les personnages les moins connus de la liste. D'après la tradition, il s'agissait de juges par élection populaire, qui auraient pris la décision de brûler les lois royales en vigueur à León, en signe de la volonté autonomiste de la Castille face au centralisme du royaume de León.

Burgos. Porte de Santa María, aux personnages insignes liés à l'histoire de la ville.

destable (XVème) aux monuments funéraires de don Pedro Fernández de Velasco et de son épouse Mencía de Mendoza -fille du Marquis de Santillana-; la Chapelle de la Visitation; la statue de l'Ecce Homo, de Siloé. N'oublions pas non plus le chœur situé au centre de la Grand Nef, dont les stalles furent commencées par Felipe de Vigarny. La visite du pèlerin à Burgos ne fait que commencer. Vous avez encore la promenade des Dés et ses poternes le long de la muraille, la Maison du Cordón, la Place Mayor, la Chartreuse de Miraflores à l'extérieur de la ville, des églises, des monastères et des couvents... Faites une pause pour reprendre des forces et goûter aux spécialités gastronomiques de la terre (boudin de riz, agneau de lait rôti ou en sauce, fromage frais, charcuteries, plats de

Ci-dessus, à gauche: Burgos. Eglise de San Lesmes.
Ci-dessus, à droite: Burgos. Intérieur de l'église de la Chartreuse de Miraflores.
Ci-dessous, à gauche: Burgos. Portes et dés de la muraille.
Ci-dessous, à droite: Saint Jacques sur le calvaire face à l'église de Gamonal.
A droite: Chartreuse de Miraflores. Saint Jacques Pèlerin sur le retable Majeur.

pommes de terre). Quand vous vous sentirez prêt, reprenez votre marche.

Le Chemin recommence juste à côté du Monastère de las Huelgas et de l'Hôpital del Rey, deux arrêts obligatoires. Puis il arrive à Tardajos et ensuite à Rabé de las Calzadas. Il est difficile de nos jours de comprendre le refrain qui affirmait "*de Rabé à Tardajos, les difficultés ne te manqueront pas; de Tardajos de Rabé, libère-nous Domine*". Dans tous les cas, la route nationale et le Chemin de Saint-Jacques se séparent à Rabé, au grand soulagement du pèlerin. Le Chemin arrive à Hornillos del Camino, village qui appartint aux moines de

Ci-dessus, à gauche et à droite: Burgos. Près de las Huelgas, on trouve l'Hôpital du Roi, l'actuelle Faculté de Droit. Vue générale de la porte et détail de Saint Jacques pèlerin. **Ci-dessous, à gauche:** Hontanas. Eglise et rue Real. **Ci-dessous, à droite:** Hontanas, l'une des fontaines.

Saint Denis de Paris et posséda un hôpital de pèlerins. Puis il poursuit jusqu'à Hontanas, dont le nom fait référence aux *fontaines*. A côté de l'église, le pèlerin peut apaiser sa soif à une puissante et fraîche fontaine à deux jets, qu'il devra cependant partager avec les pigeons. Le marcheur connaît maintenant les rigueurs d'un chemin qui n'est pas plat, loin de là. Mais Castrojeriz est proche. Peu avant d'arriver, nous traversons les impressionnantes ruines du Couvent de San Antón. Dans son hôpital de pèlerins, les moines antoniens soignaient le *"feu de saint Antón"*, provoqué par l'ergot de seigle. Castrojeriz réserve une surprise au pèlerin peu infor-

Ci-dessus, à gauche: Rabé de las Calzadas. Porte et tour de l'église.
Ci-dessus, à droite: Hornillos del Camino. Le village célèbre la fête de San Román.
Ci-dessous, à gauche: Château d'Olmillos de Sasamón.
Ci-dessous, à droite: Rue Real ou du Camino à Castrojeriz.

SASAMON, UN JOYAU SUR LE CHEMIN

A Tardajos, le voyageur doit tenir compte du fait que le tracé original du Chemin de Saint-Jacques-de-Compostelle n'est accessible qu'aux marcheurs, car il n'y a pas de communication routière entre Rabé de las Calzadas et Hornillos del Camino. L'alternative oblige à continuer par la N-120 jusqu'à Olmillos de Sasamón. Ce détour permet cependant au pèlerin d'effectuer deux visites indispensables. A Olmillos, il aura l'occasion de découvrir un délicieux château aux formes gothiques, érigé au XVème siècle par la famille des Cartagena. Puis c'est au tour du village de Sasamón, qui conserve une partie de sa muraille, avec une de ses portes, de belles maisons nobles et l'ermitage de Vera Cruz, qui contient une croix du XVème siècle. Il faut y ajouter ce que l'on doit bien, en toute justice, considérer comme un véritable joyau: l'église de Santa María la Real. Ses dimensions et sa grandeur en font une authentique cathédrale -Sasamón fut un diocèse pendant un bref laps de temps-. Elle inclut rien moins que cinq nefs, six portails et un cloître, dont la construction est attribuée à Juan de Colonia. Le magnifique tympan qui préside le portail principal donne une idée de sa beauté et de sa valeur: il comprend, entre autres, la magistrale sculpture d'un Christ en Majesté entouré du tetramorphos. Pour une fois, le détour obligé sur le Chemin peut être qualifié, sans aucun doute, d'heureux et intéressant.

Croix du XVème siècle.

Sasamón. Tympan de la porte du Paradis, sans doute la plus "vierge" de tout le gothique espagnol.

mé: trois églises extraordinaires (San Juan, Santo Domingo, la Collégiale de Santa María del Manzano), une place Mayor entourée d'arcades, le couvent de Santa Clara et les ruines du couvent de San Francisco sont quelques-uns des joyaux que cache cette petite ville.

En haut, à gauche et à droite: Ruines du couvent de San Antón.
En bas: Castrojeriz. Château, village et alentours.

Après Castrojeriz, le pèlerin entreprend alors la part la plus dure de cette partie du trajet: il doit gravir l'imposant Teso de Mostelares dont on voit serpenter le chemin vers le haut de la colline. Mais il sait aussi que la satisfaction viendra juste après, dans la descente vers les deux Itero. Il s'agit d'Itero del Castillo et d'Itero de la Vega, séparés par un célèbre -et beau- pont de onze arches, appelé *Puente Fitero*. Il fut construit par Alphonse VI au XIIème siècle, afin de pouvoir passer à gué la ri-

UNE COLLEGIALE SUR LE CHEMIN

La Virgen del Manzano.

Saint Jacques Pèlerin.

L'ancienne collégiale de la Virgen del Manzano *(Vierge du Pommier)* ressort plus particulièrement parmi les églises de Castrojeriz, nombreuses et de grande valeur artistique. Commencée à l'époque de l'art roman tardif, sa construction n'en est pas moins essentiellement gothique. La façade principale est présidée par un portail évasé représentant l'Annonciation avec, au-dessus, une rosace en vitraux allemands, offerte par le cardinal don Iñigo López de Mendoza. La sculpture de la Virgen del Manzano (XIIIème), chantée dans les *Cantigas (chansons)* par le roi Alphonse X le Sage, est conservée dans une chapelle dessinée par Juan de Sagarvinaga au XVIIIème siècle. On y trouve également une statue de Saint Jacques Pèlerin. La Collégiale conserve d'autres curiosités pouvant intéresser le pèlerin. Par exemple, il est probable que l'appellation de

Saint Jacques matamore, sur le retable dédié au saint.

Vue générale de la Collégiale de Castrojeriz, depuis la route. Au premier plan, le calvaire.

Porte de l'ouest, avec le groupe sculptural de l'Annonciation.

Virgen del Manzano *(Vierge du Pommier)* n'ait rien à voir avec l'arbre fruitier, mais provienne plutôt de la ville d'Almazán, dans la région de Soria, lieu d'origine supposé de la sculpture. Il est également surprenant que la majeure partie des retables n'aient pas été dorés, et que le Retable Majeur -sur lequel on peut voir une Annonciation de Mengs- ait bénéficié d'une finition extraordinaire. Une légende raconte qu'un habitant de Castrojeriz faisait partie des compagnons de Cristophe Colomb et qu'il fit don de l'or qui servit à dorer le retable. Il y en a d'autres: cherchez donc, pèlerin, le tombeau de ce juif dont la légende raconte que, faussement converti au christianisme, il se permit le luxe de faire sculpter sur sa sépulture une main et une étoile de David. Et, enfin, il n'y a pas de Saint Jacques Pèlerin sans un Saint Jacques Matamore...

vière Pisuerga, qui marque à cet endroit la limite entre les provinces de Burgos et de Palencia. C'est ainsi que le premier Itero est de Burgos et le deuxième de Palencia.

Mais le pèlerin est presque arrivé: le Chemin entre dans Boadilla del Camino, au milieu des champs de blé, des troupeaux de moutons et des pigeonniers.

Ci-dessus, à gauche: Fontaine des pèlerins à Castrojeriz. **Ci-dessus, à droite:** Itero del Castillo. Village fortifié qui défendait la frontière du Comté de Castille. **Ci-contre:** Colonne de pierre à Itero de la Vega. **Ci-dessous:** Le Chemin de Saint-Jacques à son passage à Boadilla.

UN PONT VETUSTE ET UN ERMITAGE

Itero de la Vega. Ermitage de la Piedad (XIIIème siècle).

Ermitage de San Nicolás de Bari, qui faisait partie d'un hôpital. Abandonné, la Confrérie de Saint-Jacques, de la ville italienne de Peruggia, l'a restauré et transformé en une auberge de pèlerins.

Un des aspects les plus problématiques du Chemin de Saint-Jacques-de-Compostelle, et de tous les chemins, était le passage des rivières. Les ponts étaient des éléments essentiels de ces voies de communication précaires. Il n'est donc pas étonnant que les rois qui s'intéressèrent au Chemin de Saint-Jacques et permirent son essor s'en soient occupés plus particulièrement. La Navarre voit comment au cours de la première moitié du XIème siècle un pont important est érigé, au point de donner son nom à un village: Puente *(pont)* la Reina. A León et en Castille, le roi Alphonse VI s'érigera en grand défenseur du Chemin et fera en sorte que tous les ponts entre Logroño et Saint-Jacques-de-Compostelle soient réparés. Cette volonté de garantir la route principale du Chemin est à l'origine de la construction du grand Puente Fitero, dressé sur les eaux de la rivière Pisuerga -l'une des deux rivières citées par Aymeric Picaud dans le *Codex Calixtinus*- entre deux villages de même prénom et de noms différents: Itero del Castillo et Itero de la Vega.

Le pont servit aussi de référence pour l'ermitage de San Nicolás de Puentefitero, tout proche. Sous le nom de San Nicolás de Bari, il faisait partie d'un hôpital de pèlerins, dont on trouve la trace dès 1174, et que le temps et l'abandon démolirent complètement. Ces dernières années, la Confrérie de Saint-Jacques de la ville italienne de Peruggia -formée d'anciens pèlerins- l'a magnifiquement restauré et l'a transformé en une auberge de pèlerins, ouverte un peu plus de trois mois par an.

Le fameux Puente Fitero, sur la rivière Pisuerga, et entre deux villages de même prénom et de noms différents: Itero del Castillo et Itero de la Vega.

VII De Boadilla del Camino a Sahagun, le creuset de l'art roman

Le corps fatigué du voyageur ne trouvera aucun repos sur le contrefort septentrional de Tierra de Campos. Sur cette "enclume du soleil" qui châtie sans pitié la plaine pelée de Castille, il n'est pas étonnant que la parole soit brève et le pas rapide. Il semble même par moment que la route nationale veuille s'éloigner de la Route Sacrée, comme si elle l'esquivait pour ne pas voir en elle la solitude et l'abandon de certains sites autrefois bruyants et palpitants de vie. Villages fantômes, abbayes désertes, ruines vénérables de monastères puissants qui ne voulurent ni ne purent résister au passage inexorable du temps et à la négligence hautaine des hommes en un abandon d'éternité.

Le pèlerin devra là s'ingénier à découvrir le "message" contenu dans des colonnes historiques érodées, des églises poussiéreuses, des chapiteaux vermoulus, des Theotókos mystérieux aux enfants décapités, christs agonisants, vierges faiseuses de miracles ou Pietàs transies de douleur à la vue du Sauveur mourant dans leurs bras. L'artiste roman a su exprimer comme personne, avec une extrême économie de moyens, les misères humaines et la grandeur divine. Ce tronçon de notre route réunit l'art roman le plus pur, qui devient le protagoniste presque absolu du message de pierre des constructeurs et artistes du Chemin. A travers les champs ocres consacrés à la culture des céréales, le voyageur atteindra sans difficulté excessive les hauteurs du plateau où se trouve Boadilla del Camino. De petites maisons de pisé et de briques sont regroupées autour d'une place coquette, présidée -d'où son importance- par une belle colonne juridictionnelle du XVème siècle. La beauté de sa dentelle de pierre contraste avec la sobriété de l'église de l'Assomption dont elle est flanquée. A l'intérieur, lumière et poussière accumulée par les siècles luttent pour montrer la sobriété archaïque de fonts baptismaux du XIIIème siècle, très bien conservés. Leur triple plinthe, festonnée de croix et d'autres symboles celtes et solaires, nous entraîne vers des époques obscures en contradiction avec la vaste enceinte ecclésiale, dont le svelte retable majeur comprend des panneaux peints et des reliefs à l'incontestable style plateresque. Le Calvaire gothique du XVème siècle et l'abat-voix de la chaire gothique

A gauche: Carrión de los Condes. Eglise de Santiago. Pantocrator.
Ci-dessous: Frómista. Eglise de San Martín.

mudéjar font une forte impression sur le voyageur par leur réalisme très cru.

Six km plus loin, la route, parfois maltraitée, nous conduit à Frómista, où le chemin et la route nationale se rejoignent près du Canal de Castille, autrefois si bénéfique. Nous entrons par la "route française", tandis que du haut d'une douce colline l'ermitage de Nuestra Señora del Otero semble nous souhaiter la bienvenue. Nous dépassons les églises de San Pedro et de Santa María del Castillo et nous débouchons sur la Place Mayor, où saint Telmo nous reçoit les bras grands ouverts. Derrière lui, l'ancien hôpital des pèlerins, connu comme des "Palmeros".

Nous traversons la route et l'une des rues de l'Ouest nous conduit vers cette merveille romane du XIème siècle, qui apparaît aux yeux du voyageurs telle récemment construite: l'église de San Martín, creuset de l'art roman où deux artistes singuliers laissèrent libre cours à leur ciseau: le maître de Jaca, qui décora le chevet, et celui de Frómista, qui travailla sur les façades et les modillons, accrochant des instants du passé aux visage et aux ustensiles que les êtres de pierre tiennent dans leurs mains. L'ensemble fait partie des vestiges du palais monastique fondé par Doña Mayor, veuve du roi Sancho de Navarre, en 1066. Nous suivons le chemin qui fait un détours par Población de Campos pour contempler le bel ermitage de la Vierge du Socorro qui semble émerger du sol au centre même du village. Douze km à travers la plaine castillane nous laissent, presque à la dérobée, devant Villasirga, ou Villalcázar de Sirga comme on l'appelle maintenant. Sirga, voie et chemin, chantée par Alphonse X dans ses *Cantigas* à Santa María et l'une des plus importantes Commanderies de Templiers de la Couronne de Castille. Son église de Santa María la Blanca domine majestueusement le hameau.

Le gothique naissant de son arc en ogive et sa voûte en croisée d'ogives nous distrait de sa date initiale de construction, vers la moitié du XIIème siècle. Avant de pénétrer à l'intérieur, le voyageur doit prendre le temps d'admirer sa façade, aux deux séries de frises représentant le Christ Tétramorphe et la Vierge Blanche sur son trône, ainsi que les douze apôtres et plusieurs figures allusives. A l'intérieur, c'est tout un musée qui attend le voyageur. Le fini parfait des sculptures, du au ciseau d'Antón Pérez, s'expose dans toute sa splendeur, depuis le grandiose maître-autel de la fin du gothique espagnol jusqu'à la Chapelle de Santiago *(Saint Jacques)*, à une extrémité de la croisée du transept, qui montre la vision sans prix des sépulcres de Doña Leonor Ruiz de Castro et de l'Infant Don Felipe,

En haut: Boadilla del Camino. Colonne juridictionnelle gothique.
En bas: Eglise de Santa María del Castillo à Frómista.

frère d'Alphonse X. A côté, le sépulcre du Chevalier des Templiers, Juan Pérez, nous rappelle qui étaient les possesseurs primitifs de ce temple magnifique. L'énigmatique statue de la Vierge Blanche, du XIIIème siècle, avec l'enfant décapité sur son unique bras, nous emporte vers le Moyen Age le plus profond, avec ses pestes, ses estropiés, ses aveugles, qui prenaient le Chemin pour se prosterner aux pieds de la Dame. Contemplez ses yeux grands ouverts, voyageur, qui provoquent le frisson. Avant de sortir, nous devons regarder ce relief sur la

Ci-dessus, à gauche: Le canal de Castille à son passage à Frómista.
Ci-dessus, à droite: Pèlerin entre Frómista et Población de Campos.
Ci-dessous: Frómista. Eglise de Santo Domingo.

SAN MARTIN: FROMISTA, LE MESSAGE DANS LA PIERRE

Fondée en 1066 par Doña Mayor, épouse de Don Sancho de Navarre, l'église faisait partie d'un ensemble monastique aujourd'hui disparu. Entre 1896 et 1904, elle fut l'objet d'une intense restauration dirigée par l'architecte Manuel Aníbal Alvarez: les constructions adossées furent enlevées, le plancher de la lanterne, transformée en clocher, fut supprimé, la hauteur de la nef principale fut rabaissée et l'intérieur du temple fut libéré de la couche de plâtre et de moulures qui recouvraient la pierre. Finalement, la façade fut nettoyée et les modillons manquants furent remplacés. San Martín est aujourd'hui le paradigme de l'art roman espagnol. Son équilibre extraordinaire entre l'architecture et la sculpture lui a valu d'être considérée comme le modèle de l'organisation romane et l'expression du canon classique de l'architecture du XIème siècle. Contemporaine de San Pedro de Arlanza, de la Cathédrale de Jaca et de San Isidoro de León, elle comprend trois nefs, une croisée du transept et une coupole au centre, avec trois absides semi-circulaires. A l'extérieur, elle est flanquée de deux tours semi-circulaires qui rappellent les constructions carolingiennes.

Modillons dans l'abside centrale.

Intérieur de l'église de San Martín.

Abside et chapiteaux de l'église de San Martín.

VILLALCAZAR DE SIRGA. VIERGE DE LAS CANTIGAS

La Vierge Blanche.

La Vierge Blanche, patronne des constructeurs, est ici patronne également du temple imposant construit par Sancho III en 1157. Celui-ci constitua la plus grande Commanderie de Templiers du Chemin de Saint-Jacques-de-Compostelle et la plus importante de la Couronne de Castille. Aujourd'hui, nous ne pouvons qu'admirer et frémir face à ce qui fut probablement le plus grand ensemble monastique de Castille, mais dont il ne reste qu'un des arcs de la façade principale, détruite par les Français en 1814. Elle comprend cinq nefs aux dimensions de cathédrale. Sa Chapelle de Santiago suggère une clé avec la nef centrale. Une niche de bois y protège une sculpture de la Vierge de las *Cantigas (chansons),* pour laquelle Alphonse X ressentait une grande dévotion: il la célébra dans plusieurs de ses illustres chansons. De son bras gauche, elle soutient l'enfant à la tête et au bras droit mutilés. Cette chapelle contient également le sépulcre du premier commandeur de la Commanderie de Templiers, Juan Pérez, qui n'y fut jamais enterré. A côté se trouvent deux autres sépulcres à la facture superbe, contenant les corps de l'infant Don Felipe et de son épouse, Doña Leonor Ruiz de Castro. Ce sont des sculptures d'Antón Pérez de Carrión. Cette Vierge Blanche de Villasirga est peut-être celle à laquelle on a attribué le plus de miracles, particulièrement envers les aveugles, les paralysés et les lépreux. Une réplique se trouve sur le maître-autel et une autre sur la façade du temple.

A Villalcázar de Sirga -entre Frómista et Carrión-, l'église de Santa María la Blanca, vestige d'une extraordinaire construction des Templiers, impressionne tous les voyageurs. Mais outre la beauté du temple, elle constitue une référence inévitable et évocatrice du point de vue littéraire, historique et, bien évidemment, du pèlerinage. De ce point de vue-là, la Chapelle de Santiago, présidée par la statue du saint vêtu de pèlerin (XVIème siècle), est particulièrement intéressante.

Sépulcres dans la Chapelle de Saint-Jacques.

Façade principale de l'église Santa María la Blanca.

Santa María la Blanca, arc et portique.

Grand Nef de Santa María la Blanca.

porte de sortie sur lequel un chevalier dit adieu à sa dame lors de son départ pour la guerre. Ils ont l'air vivants.

Dans la lumière aveuglante de la Castille, vous découvrez l'ancien hôpital de pèlerins. Sa Croix de Saint Jacques le trahit. Ensuite, porté par l'estomac, reprenez des forces dans la taverne médiévale de la place. L'agneau rôti et les côtelettes y sont les seigneurs et maîtres de la cuisine castillane. Tous les vins de la terre sont bons pour arroser une table aussi appétissante. Pour faire descendre le repas, il n'y a rien de tel qu'une promenade vers la rivière, où le petit ermitage de la Virgen del Río (*la Vierge de la Rivière*) vous attend à quelques deux km vers l'Est.

Poursuivez la dure route pendant une lieue encore, voyageur: des surprises et des merveilles sans nombre vous attendent dans cette ville de Carrión, berceau du Juif don Sem

Ci-dessus, à gauche: Frómista. Ermitage de San Miguel. XIIIème siècle.
Ci-dessus, à droite: Población de Campos. Ermitage Virgen del Socorro.
Ci-dessous: Población de Campos. Au fond, l'église paroissiale de la Magdalena.

Tob, du Marquis de Santillana et des premiers beaux-fils du Cid. Le chemin nous guide parmi de vieux couvents, l'un de clarisses et l'autre de franciscains, qu'il faut absolument visiter. Puis nous arrivons à l'église de Santa María del Camino, du Xème siècle, qui conserve la célèbre Vierge du Chemin ou des Victorias. Sur la riche façade, vous pourrez contempler le taureau et le lion, symboles de force et de connaissance. Admirez la série d'anges musiciens avec des instruments de l'époque, si convoités de nos jours. Les anciens de l'Apocalypse, ici, alternent avec des griffons, des animaux et des gens. Accélérez la marche pour profiter de la lumière du jour et contempler l'une des merveilles de l'art roman de tous les temps, sur la façade de l'église de Santiago, de la deuxième moitié du XIIème siècle: un imposant Christ en Majesté, gardé par plusieurs apôtres, semble juger les âmes des pêcheurs. Baissez la vue, terrorisé, voyageur, mais posez-la tout de même, ne serait-ce

Ci-dessus: Villarmentero de Camos.
Ci-dessous, à gauche: Vue panoramique de Villalcázar de Sirga.
Ci-dessous, à droite: Bornes et calvaire montrent le chemin près de Villalcázar de Sirga.

que pour quelques instants, sur l'archivolte historiée de sa porte, où 22 figures représentant les différents offices et corps de métier vous contemplent, concentrés sur leurs tâches quotidiennes. Forgerons, cordonniers, musiciens, danseuses, tailleurs de pierre, scribes, médecins... se sont réunis dans cette galerie des artisans. Pour les soutenir, deux chapiteaux avec le Jugement Dernier et la Résurrection de Lazare culminent cette merveille de pierre. Si vous jetez un coup d'œil vers la ruelle de droite, vous pourrez voir ce qui reste de la façade de l'ancien hôpital du Temple.

Suivez la route dorée qui sort de la ville et faites une halte au monastère de San Zoilo, chéri des pèlerins, car il accueillait la meilleure auberge de la ville. Vous pouvez visiter son imposante église, avec les sépulcres des infants de Carrión et leurs femmes, puis entrer dans le cloître: la meilleure collection de visages Renaissance d'Espagne, œuvre du Juan de Badajoz du cloître de la Cathédrale de León, vous y attend. Tous les personnages importants de l'Ordre bénédictin vous observent depuis le plafond avec une mine sévère. Avant de sortir, jetez un coup d'œil à l'aile Est pour voir le beau Christ attaché à la colonne, de Miguel de Espinosa, sculpteur qui termina magnifiquement l'œuvre de Badajoz.

Ci-dessus, à gauche: Villarmentero de Campos. Plafond à caissons mudéjar de l'église de San Martín de Tours.
Ci-dessus, à droite: Carrión de los Condes. Eglise de Santa María.
Ci-dessous: Chaussée à la sortie de Carrión de los Condes.

Ci-dessus:
Carrión de los Condes.
Porte romane et intérieur de l'église de San Zoilo.

A gauche et à droite:
Carrión de los Condes. Monastère de San Zoilo. Chapiteaux romans de l'église.

Ci-dessous:
Carrión de los Condes. Eglise de Belén.

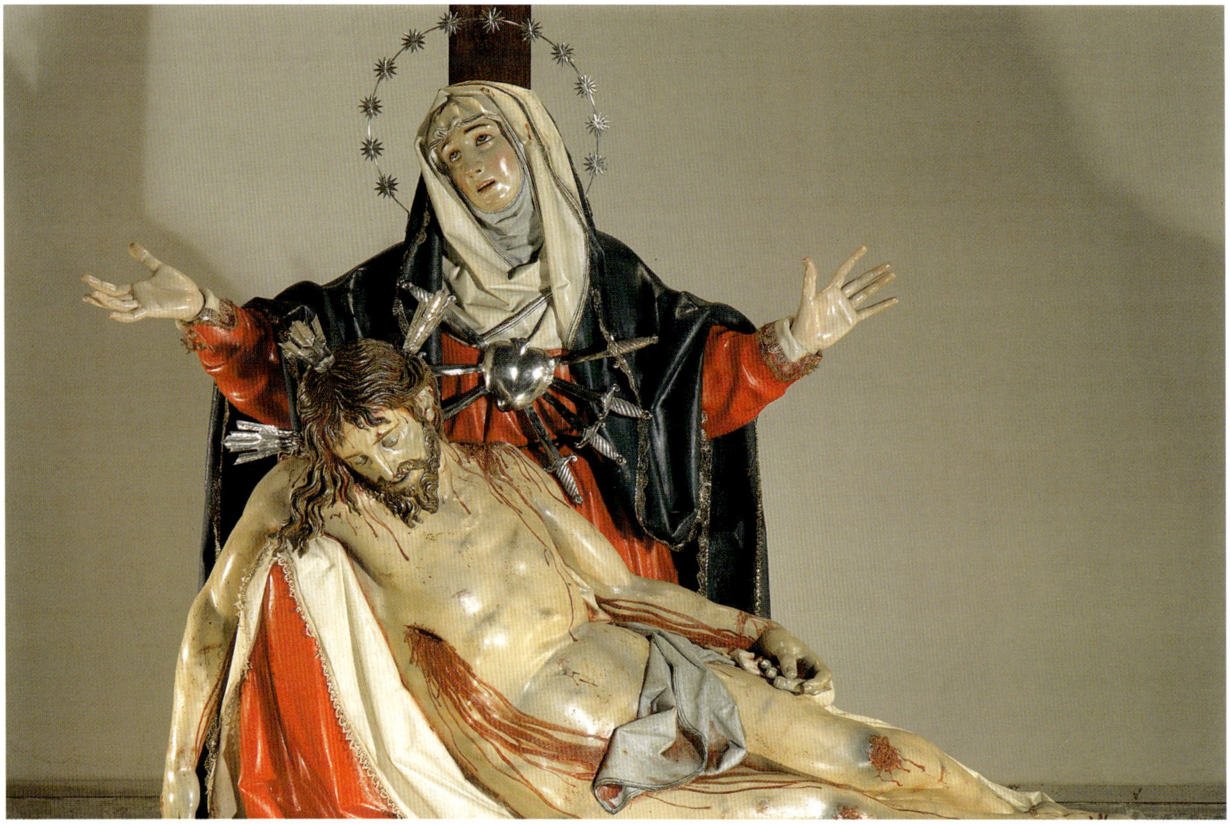

A la sortie de Carrión, un chemin étroit, à droite, conduit aux vestiges de l'ancienne abbaye de Benevívere, des chanoines réguliers de San Agustín. Seul subsiste un arc avec deux écus armoriés. La désamortizacion mit fin à la richesse de cette abbaye. Il reste trois sépulcres, qui se trouvent actuellement au musée de Palencia, et un chœur en bois polychrome à l'église de San Andrés de Carrión.

Ci-dessus, à gauche: Carrión de los Condes. Pèlerin dans les ruines du monastère de Benevívere.
Ci-dessus, à droite: Cervatos de la Cueza. Maison-musée du Général San Martín.
Ci-dessous, à gauche: Quintanilla de Cueza. Ville romaine.
Ci-dessus, à droite: Santa María de las Tiendas.

Page précédente:
Carrión de los Condes. Musée du Monastère de Santa Clara. **En haut:** La Pietà. **En bas:** Le Christ. Les deux sculptures sont de Gregorio Fernández.

Nous revenons sur nos pas et nous reprenons le chemin à Calzadilla de la Cueza. Son église conserve les vestiges du retable de l'abbaye de Santa María de las Tiendas, hôpital des pèlerins réputé appartenant à l'Ordre de Saint-Jacques et dont il ne reste pas même les fondations. Nous passons encore par Cervatos de la Cueza, Quintanilla, Ledigos et Terradillos de Templarios, disséminés sur les ocres terres de Palencia, avant d'apercevoir Sahagún, dans la vallée de la Cea. L'ermitage de la Vierge du Puente nous reçoit à moins d'un km de la ville. Ne méprisons pas cet accueil isolé: il date du XIIème siècle et fut en son temps une auberge importante et un hôpital où étaient ensevelis les pèlerins de Saint-Jacques. Le 25 avril, les jeunes gens célèbrent sur sa vaste esplanade l'un des pèlerinages les plus charismatiques de la Route Sacrée.

CARRION. EGLISE DE SANTIAGO, SUR LES TRACES DU TEMPLE

Porte de l'ancien hôpital.

Pour atteindre les vestiges de l'ancien Monastère de Santiago, le voyageur doit traverser la place de l'Hôtel de Ville actuel et prendre la première rue à droite. Le portail du monastère est un des chefs-d'œuvre de l'art roman. La ruelle adjacente mène à l'ancien hôpital de pèlerins, dont on ne conserve que la grande porte, œuvre des Templiers. Il n'existe aucun document confirmant l'intervention des chevaliers de cet Ordre. Cependant, les caractéristiques de la construction de cette singulière Eglise de Santiago suivent les canons habituels pour ce genre d'édifice. On conserve de l'époque romane le magnifique portail ainsi que l'abside, formée de trois chapelles semi-circulaires. La nef fut modifiée au XVIème siècle. On peut penser que l'Eglise faisait partie d'un ensemble monastique comprenant un hôpital pour assister les pèlerins. Sur la frise extérieure, un imposant Christ en Majesté domine tout l'ensemble sculptural, qui comprend également les apôtres. L'archivolte historiée représente 22 figures à l'âge avancé et à la longue barbe, symboles des confréries d'artisans et non pas des 24 sages de l'Apocalypse, comme on a bien voulu le croire, puisque l'ensemble ne se compose que de 22 figures, les deux restantes étant deux lions gardiens, symboles de la connaissance. Parmi les figures, on peut voir le forgeur, le moine, le cordonnier, le forgeron, le cuisinier, le musicien et la danseuse, le scribe et, sur les chapiteaux, des scènes du Jugement Dernier et de la Résurrection de Lazare.

Frise avec le Pantocrator.

CARRION. SAN ZOILO, DES VISAGES QUI VOUS OBSERVENT

Vue du cloître.

De l'autre côté de la rivière Carrión, à gauche, se dresse ce monastère, construit au XIème siècle par les Comtes de Carrión, Carlos Gómez Díaz et Teresa. On y vénère Saint Zoilo. Ses reliques furent amenées de Cordoue par Fernán Gozález, fils des Comtes, qui les avaient reçues de l'émir cordouan en paiement de son aide. Le Monastère s'appelait jusqu'alors San Juan et changea de nom avec l'arrivée des reliques de Saint Zoilo, nom sous lequel il est connu encore aujourd'hui. Il fut le gardien d'importantes reliques, comme la tête de Santiago le Jeune, qui fut par la suite transférée à San Isidoro de León et finalement à Saint-Jacques-de-Compostelle. C'était le monastère clunisien le plus important après celui de Sahagún. Il avait peu de vestiges romans, jusqu'en 1993, date à laquelle on découvrit plusieurs arcs romans et des peintures de cette époque. Mais l'élément le plus admirable de ce grand Monastère est certainement son magnifique cloître Renaissance, commencé par Juan de Badajoz en 1537 et terminé par Miguel de Espinosa. On peut y contempler toute une merveilleuse série de bustes appartenant à des personnages de l'ordre bénédictin, de l'Ancien Testament et de la Bible, d'un réalisme spectaculaire. Du côté Nord, on peut voir le Christ attaché à la colonne, taillé par Miguel de Espinosa dans un seul bloc de marbre. De nos jours, San Zoilo représente pour le voyageur un magnifique musée d'art, dans lequel les peintures de Ribera ou d'un disciple de l'école ténébriste alternent avec le splendide tableau de La Magdalena de Bocanegra, celui de la Vierge à l'Enfant de Rici et l'évocatrice circoncision du Véronèse.

Détail d'un visage dans le cloître.

Christ attaché à la colonne, dans le cloître.

VIII De Sahagun a Leon, le Portail Oriental

Pèlerin: ici se termine la septième étape, commencée à Boadilla, d'après l'Itinéraire Calixtin. Après un repos bien mérité, vous entreprendrez la huitième étape qui vous conduira à la ville royale de León. Sahagún est semblable aux terres de Palencia, que vous venez de quitter. Vous êtes toujours sur les Terres Gothiques, mais dans le cadre de la province de León.

Si nous pouvons nous permettre un conseil: ne suivez pas l'exemple de ceux qui rajoutent au nom de "Sahagún" le surnom de "Campos" (*Champs*), car ce n'est pas très orthodoxe. Nous n'allons pas vous en expliquer les raisons, mais vous inviter plutôt, si certaines questions vous intriguent, à interroger les gens du lieu. Leur sagesse séculaire saura satisfaire votre curiosité.

Sahagún est une ville maraîchère et travailleuse, matérialisée par des briques morisques à l'âme de psalmodie. Ces fondations solides ont donné ce peuple hospitalier et au cœur aussi immense que l'océan des terres environnantes. Une dernière recommandation: prenez votre temps. Oubliez la poussière et la sueur du chemin, soulagez votre soif et votre appétit, ici tout est bon et sain. Mais ensuite, et surtout, partagez la conversation chaleureuse de ses habitants: c'est le plus grand trésor de toutes ses richesses.

A gauche: Sahagún. Abside et tour de l'église de San Lorenzo (XIIème siècle). Comme d'autres temples de la ville, c'est un bon exemple de maçonnerie mudéjar. Ci-dessous: Sahagún. Tout près de la ville, l'ermitage de Nuestra Señora del Puente.

L'ancien bourg de Sahagún est le portail oriental du Chemin de Saint-Jacques dans la région de León. Après avoir traversé la rivière Valderaduey, le pèlerin découvre avec reconnaissance la prairie et les peupliers de l'ermitage de la Virgen del Puente. La population de Sahagún s'y rend en pèlerinage une fois l'an, au milieu des cantiques de la *Tantárida*. Portail du chemin de León et portail des délices mudéjars de Sahagún, dans ce cas précis du XIIIème siècle, et qui possédait jadis un hôpital; de nombreux pèlerins, qui vinrent y mourir, y sont enterrés.

Le Manuscrit Calixtin définit Sahagún comme *riche de toute sorte de félicités:* ce qui fut écrit au XIIème siècle est encore valable aujourd'hui. D'après les philologues, son nom provient de l'altération du nom de San Facundo. Et l'histoire, ou la légende, ce qui revient au même lorsqu'on parle des origines hispano-romaines, nous raconte le martyre des saints Facundo et Primitivo. A l'endroit du martyre fut construit un monastère wisigoth, qui reprendra vie au temps d'Alphonse le Grand.

La littérature carolingienne contribua à mythifier l'endroit et à le faire connaître par ses romances, comme le mira-

cle des lances. Les textes littéraires furent secondés par l'Histoire: Ferdinand Ier, puis son fils Alphonse VI, prirent tout particulièrement soin de Sahagún. C'est d'ailleurs le roi Alphonse qui y amena les moines clunisiens, introduisant par là même les réformes à l'origine du nouveau mode de vie médiéval. Son attachement envers le monastère fut tel qu'il y fit établir sa sépulture: sa dépouille repose dans le monastère de la Santa Cruz. Jusqu'au XVIème siècle, date à laquelle le monastère de San Benito de Valladolid acquit la primauté bénédictine, la puissance religieuse, culturelle, économique et sociale du monastère de Sahagún fut absolue. Des hommes éminents dans toutes les branches du savoir et de la religion habitèrent son cloître. La liste est immense. Nous n'en mentionnerons que deux, le père de l'anthropologie américaine, frère Bernardino de Sahagún, et frère Pedro Ponce de León, aux travaux fondamentaux sur le langage des sourds-muets. Cependant, les moines *"noirs"* ne furent pas les seuls à se rendre à Sahagún. Ce lieu de pèlerinage donna naissance à un bourg au XIème siècle, du temps de l'abbé Bernardo. Attirant des personnes aux nationalités et métiers variés, la ville commença à se développer, en un exemple extraordinaire de pluralité ethnique et linguistique. Le texte intégral de la charte-ville est gravé dans la pierre à l'intérieur de la Mairie. Les manifestations artistiques à Sahagún et dans sa zone d'influence correspondent à son histoire. De son sol, les tours de brique bordées d'absides, telles de gigantesques proues dans les vaisseaux des églises, s'élancent vers le ciel. Dans l'ancien bourg, les temples de San Tirso et de San Lorenzo émergent solennellement dans toute leur esthétique mudéjar. Et à l'extérieur, sur la butte de Sahagún, se trouve l'ancienne construction des frères franciscains, à l'esprit gothique épuré, connu ici sous le nom de Virgen Peregrina *(Vierge du Pèlerinage)*, heureuse patronne de la ville, manifestation mariale qui se confirme comme protectrice des

A gauche: Sahagún. Eglise de San Tirso, incontestablement le plus beau temple mudéjar. Abside et tour **(en haut)** et intérieur **(en bas)**.

Ci-dessus, à gauche: Sahagún. La Vierge Peregrina (XVIIème siècle), statue qui se trouve dans le musée des Religieuses Bénédictines.

Ci-dessus, à droite: Sahagún. Ostensoir d'Enrique d'Arfe. Du XVIème siècle, il est au musée des Religieuses Bénédictines.

A gauche et ci-dessous:
San Pedro de las Dueñas. Monastère roman, du XIIème siècle, où les jeunes filles de bonne famille du Royaume de León recevaient autrefois une éducation. Dans son église, à remarquer: une sculpture d'un Christ de Gregorio Fernández - ci-contre - *et de magnifiques chapiteaux romans* - ci-dessous, sur la vue intérieure -. *Le monastère sert également de gîte.*

Page suivante:
Grajal de Campos. En haut: *Château-forteresse. Sur la photo en bas, place, détail du Palais des Marquis de Grajal et église de San Miguel, dont la tour "a cinq angles et il lui en manque un pour en avoir quatre".*

voyageurs au cours de la vie et sur le chemin du pardon vers Saint-Jacques-de-Compostelle.

Dans le passé, Sahagún disposa de nombreux autres temple; il n'en reste que les noms. Nous voulons cependant sauver de l'oubli celui qui était consacré à l'Apôtre Saint Jacques. Il eut son point d'inflexion dans la dévotion à l'Hijo del Trueno. Ses absides, aujourd'hui coincées entre les bâtiments environnants, trouvent leur inspiration dans la paroisse de San Lorenzo.

Avant d'abandonner sa singulière hospitalité, il ne faut pas oublier de visiter le monastère de la Santa Cruz des Religieuses Bénédictines. Les œuvres de son musée soulignent la grandeur de son patrimoine artistique, notamment un ostensoir magnifique d'Enrique d'Arfe. Enfin, contemplez les ruines du tout-puissant monastère, encore gran-

Sahagún. Vestiges de celle qui fut une célèbre abbaye bénédictine, avec la tour -**ci-dessus, à gauche**-, la chapelle de San Mancio -**ci-dessus, à droite**- et l'Arc de San Benito -**ci-dessous, à gauche**-, ancienne porte de l'abbaye. **Ci-dessous, à droite**: Sahagún. Sanctuaire de La Peregrina, du XIIIème siècle, qui conserve des plâtres mudéjars.

dioses dans leur éternelle agonie. Pour partir, de même que pour entrer, vous devrez passer par son immense porte. Le portail oriental du chemin est en effet un arc frontière entre les provinces, véritable arc de triomphe dans votre cas, vous qui êtes digne des lauriers pour votre vision nomade de la vie.

A l'entrée de Sahagún, la rivière Valderaduey vous souhaitait la bienvenue. A l'heure du départ, ce sont les eaux de la rivière Cea qui vous saluent lorsque vous traversez les arceaux de son pont de pierre. Par l'ancien *Camala* des voies romaines, dirigez vos pas vers la Calzada et le Real Camino, celle du Coto et celui de Bercianos. Comme ces noms sont

Ci-dessus: Sahagún. A la sortie, pont sur la rivière Cea. **Au centre, à gauche:** Calzada del Coto. Calvaire et ermitage de Nuestra Señora de Perales. **Au centre, à droite:** Calzadilla de los Hermanillos. Fontaine du pèlerin. **En bas, à gauche:** Calzada del Coto. Près du village, vestiges de la chaussée romaine. **En bas, à droite:** Le Chemin a été aménagé et des arbres ont été plantés, pour la commodité du pèlerin.

évocateurs!: Santiago et la Repoblación. Arrivent d'autre petits hameaux: Calzadilla de los Hermanillos, le Burgo Ranero, Villamarco et Reliegos; ce dernier était l'ancien *Palantia* des itinéraires romains.

"**P**uis il y a Mansilla", celle qui fut repeuplée par Ferdinand II, au XIIème siècle, la place forte médiévale dont les murailles dominent encore les eaux de la rivière Esla, la ville des anciens hôpitaux Santa Elena et Santa María Magdalena. Elle conserve de ses anciens temples son église paroissiale et une partie de celle de San Martín, sous la nette influence des pèlerins français.

Il faut de nouveau traverser un pont: les eaux de l'Esla, l'ancienne *Aisela*, sont maintenant abondantes car elles sont contrôlée à leur naissance grâce à la ceinture serrée des géants rocheux de Riaño. Vient ensuite la petite localité de Villamoros. Et un autre pont. Cette fois-ci avec majuscule: c'est la localité de Puente *(pont)* de Villarente; le pont a une telle présence qu'il a donné son nom au village. Les eaux de la rivière Porma, elles aussi contrôlées à leur naissance, courent sous ses larges arcs. Au XVIème siècle, don Andrés Pérez de Capillas, clerc originaire de León, fonda un hôpital pour les pèlerins, transformé de nos jours en auberge.

Avant d'arriver à la ville de León, nous découvrons une nouvelle région, de rivière en rivière et de pont en pont, entre la Porma et la Torío et celui de Villarente et celui du Castro. C'est la région de la Sobarriba, la région des rives par excellence, avec les hameaux d'Arcahueja, la *Arcovigía* celte, puis Valdelafuente et enfin l'Alto del Portillo, avec son calvaire de Saint-Jacques, qui vous invite à un repos bien mérité à la fin de l'étape.

Ci-dessus, à gauche: Bercianos del Real Camino. Eglise de San Salvador, dont la tour, l'une des plus charismatiques du Chemin de Saint-Jacques, s'est écroulée en juin 1998. **Ci-dessus, à droite:** Mansilla de las Mulas, localité riche en histoire et en références littéraires. **Ci-dessous:** Puente Villarente. Dans les environs, sur les rives du Porma, zone très animée de détente estivale.

MONASTERE DE SANDOVAL: UN HEUREUX DETOUR

Porte Nord.

Eglise. Intérieur.

Après la localité de Mansilla de las Mulas, l'ancienne *Mansella Minor*, un croisement nous signale, sur la gauche, une autre Mansilla, connue au Moyen Age comme *Maior* et de nos jours comme Mayor: c'est le chemin le plus sûr pour accéder à l'ancien monastère cistercien de Santa María de Sandoval, dans la localité de Villaverde. Des indices laissent à croire que de nombreux pèlerins s'y abritaient; cela reste à confirmer, mais il est vrai dans tous les cas que l'hospice du monastère constitue un bon refuge. De nos jours, on n'y trouve plus ni hospice monastique ni moines de l'ordre de Cîteaux. Tout cela disparut avec la Désamortizacion de Mendizábal. Mais le site en vaut encore la peine: par une ironie du destin, le temple devint église paroissiale de Villaverde, ce qui permit de conserver en bon état l'enceinte sacrée et une partie du cloître processionnel. Le reste n'est que ruines, mais ô combien éloquentes. Son architecture très nette respecte parfaitement les postulats de Saint Bernard. Il convient de nous arrêter un instant aux deux sépulcres gothiques de chaque côté du maître-autel, où reposent les fondateurs de ce cloître: le comte don Ponce de Minerva et son épouse, doña Estefanía Ramírez. Le souvenir dévot de l'Apôtre ne pouvait être absent d'un lieu aussi chargé de sens: il s'y manifeste par l'intermédiaire d'une sculpture baroque qui le représente en pèlerin. L'endroit n'est pas seulement historique et artistique, il est également très agréable, grâce à la réunion, en une jetée fluviale, des rivières Porma et Esla, la première perdant son identité en faveur de la seconde.

Vue générale de l'église, avec l'abside au premier plan.

SAN MIGUEL DE ESCALADA: LES ORIGINES DU REPEUPLEMENT

Nous devons à nouveau nous dévier de la véritable voie, mais il est vrai que nous devons être conscients que toute la beauté esthétique n'a pas toujours été créée juste à côté du chemin. De même qu'à Sandoval, les moines de jadis sont un peu à l'écart. Si l'excursion précédente vous a plu, celle-ci ne va pas vous décevoir non plus. De retour sur le Chemin Royal, presque en face, se trouve la route menant à San Miguel de Escalada. Vous remontez mille ans en arrière. Vous allez vous plonger dans les origines du Royaume de León. San Miguel de Escalada est l'un des rares monuments de ce que certains appellent l'art mozarabe et d'autres l'art du repeuplement. Sans entrer dans des digressions terminologiques, disons que je m'incline plutôt pour la deuxième définition. Des moines cordouans, émigrés de la ville du califat, s'y installèrent. Ils ne reprirent pas seulement leurs prières et leurs cantiques, mais ils importèrent également les nouvelles solutions architectoniques qu'ils avaient apprises. Pour le vérifier, contemplez le long portique aux arcs cordouans encadrés par les *alfiz* arabes. Et les mêmes solutions dans son intérieur basilical. Ne venez pas à San Miguel à la recherche de dimensions imposantes, laissez cela aux cathédrales, elles ont été construites à cette intention. Ici tout est minuscule, mais d'une exquise eurythmie. L'érudition pourrait voiler le temple, je préfère vous laisser au soin de la fine plume de González Cuenca: "Ici le paysage est autre: de douces vallées, qui vont mourir à l'Esla, au milieu des prés, des ormes et des céréales. Voir poindre le jour à Escalada est une question de paix. Les œils de l'arcature du portique sont, sans l'ombre d'un doute, les yeux des moines andalous qui s'y réfugièrent et qui, incrédules devant tant de paix, craignent encore que ne viennent les Maures".

Vue extérieure de l'ancienne église du monastère, un des plus beaux monuments mozarabes. Deux photos montrent le portique, l'un des éléments les plus évocateurs de l'ensemble, très harmonieux. Détail d'un chapiteau. A l'intérieur, à noter particulièrement, les délices des trois nefs.

LANCIA: LA VILLE DES ASTURS

Nous sommes à nouveau sur le Chemin français. Cette fois-ci, vous passerez à côté d'un grand coteau. Là-haut, sur les hauteurs, celle qui fut la ville la plus importante des Asturs, le dernier bastion contre Rome, dort sous les terres de labours. Son emplacement est parfaitement indiqué dans l'Itinéraire d'Antonino, qui la situe à neuf milles à l'est de León. C'est là que se trouvait Lancia. C'est là, entre les rivières Porma et Esla, protégée par ses côtes découpées, que cette ville au riche passé développa son activité.

On peut voir des grottes creusées dans les ravins du plateau. Les documents du Moyen Age désignent de plusieurs façons la berge qui se trouvait à ses pieds: *Sublantio*, *Soulantio* ou *Sollantio*, synonymes de sous-Lancia ou d'au-dessous de Lancia. Il n'est pas nécessaire que vous y montiez: la visite est interdite, et de toute façon aucun vestige artistique n'y est visible. La ville antique attend que les mains expertes des archéologues découvrent ses fondations.

Deux aspects des restes de Lancia, la ville la plus importante des Asturs, conquise par les Romains en l'an 19 av. JC.

IX De Leon a Astorga, a travers la plaine de Leon

Il serait exagéré, de nos jours, d'affirmer comme le *Codex Calixtinus* que León est "une ville emplie de toutes sortes de biens". Il est cependant vrai que le voyageur ou pèlerin entre dans une ville de toute beauté, dotée de multiples attraits. A l'époque culminante des pèlerinages -certains affirment que León fut refondée par les pèlerins du Chemin de Saint-Jacques-, la ville comprenait de nombreux centres d'assistance; outre sa structure d'accueil, ses splendides monuments étaient une récompense suffisante pour que les pèlerins accélèrent le pas afin d'arriver à "celle qui est toujours fidèle", l'une des principales villes du Moyen Age chrétien.

Celui qui rejoint la ville par la *Route Saint-Jacques* la découvre pour la première fois depuis l'*Alto del Portillo*, les eaux de la rivière Torío à ses pieds. C'est une première référence tout à fait valable pour se situer: aujourd'hui encore, la cathédrale émerge de son espace comme repère inévitable d'orientation. Une fois dans la ville de León, les coquilles de bronze sur le sol tracent l'itinéraire du pèlerinage: l'église de Santa Ana -peintures mudéjars et un beau retable néo-classique, puis la Puerta Moneda, avec l'église romane de Santa María del Mercado et la Place du Grano à côté. Vous atteignez le bout de la Rúa en un instant -n'oubliez pas le couvent des Concepcionistas-, lieu exceptionnel pour une vision diachronique de la ville, avec un panorama hétérogène de toute beauté. De gauche à droite, San Marcelo -une belle coupole, un mobilier remarquable et des sculptures de Gregorio Fernández- et la nouvelle ville de León, Botines -néo-gothique, de Gaudí-, San Isidoro, le Palais des Guzmanes -élégance, simplicité et sévérité Renaissance-, la Cathédrale... C'est vers elle que nous nous dirigeons en passant par la chapelle néo-romane du Cristo de la Victoria, la résidence des Quiñones, transformée en hôtel, et la Pharmacie Merino, fondée en 1827.

La cathédrale exige du temps et du silence pour sa contemplation. Puis, le chemin repart vers San Isidoro, où "se trouve le cœur de l'Espagne", un véritable joyau de l'art roman qui mérite également une visite approfondie. Les coquilles nous conduisent à San Marcos, une beauté plateresque à la richesse extraordinaire, et nous sortons par un pont pratiquement adossé à ce qui est aujourd'hui un hôtel luxueux. C'était la sortie naturelle des pèlerins qui, ayant croisé *El Cru-*

A gauche: Cathédrale de León. Façade principale ou de l'Ouest.
Ci-dessous, à gauche: León. Intérieur de l'église de Nuestra Señora del Mercado.
Ci-dessous, à droite: León. Place du Grano. Les angelots de la fontaine sont une claire allusion aux deux rivières qui entourent la ville -Bernesga et Torío. La colonne est une allégorie de la ville. Au fond, l'église de Nuestra Señora del Mercado.

LA CATHEDRALE DE LEON: LE GOTHIQUE DU CHEMIN

Erigée à partir de plans et de techniques divulguées grâce au Chemin, la cathédrale de León est un chef-d'œuvre de l'art gothique espagnol. Et comme le pèlerin pourra s'en rendre compte, ce n'est pas le seul exemple d'excellence gothique né à l'ombre du pèlerinage à Saint-Jacques-de-Compostelle. Sur le porche occidental, une statue de Saint-Jacques sert donc de référence aux pèlerins: la tradition *exige* qu'ils placent leurs mains sur la colonne usée lui servant de piédestal.

Sculpture d'origine de la Vierge Blanche. Tour Nord. Intérieur, avec la lumière admirable issue des vitraux et des rosaces.

La construction de la cathédrale, considérée comme la plus importante de son époque, commença au XIIIème siècle. Nous remarquons immédiatement l'impressionnante façade principale, avec le triple porche, magnifiquement décoré de reliefs et de sculptures, avec notamment le Jugement Dernier représenté sur le tympan central. Nos regards sont également attirés par la *Vierge Blanche* du meneau (copie) et par la colonne qui par son inscription gothique nous rappelle le *locus appellationis*, lieu où se trouvait l'organe juridique de la ville. Tours, arcs-boutants, façades: le filigrane de l'ensemble parle d'harmonie et d'équilibre, provoquant l'admiration émue du visiteur. L'intérieur -où jadis les pèlerins s'efforçaient de passer la nuit- est une surprise de lumière et de couleurs, concrétisées par un ensemble admirable de vitraux, un des plus remarquables avec celui de Chartres. Outre leur beauté, la *lecture* des vitraux est une éloquente catéchèse qui reflète dans le silence des siècles la conception médiévale du monde. Le visiteur ne manquera pas d'admirer par ailleurs le *retable majeur*, avec les panneaux de Nicolás Francés, et le coffret d'argent contenant les restes de saint Froilán. Ou le *chœur*, exemple paradigmatique de l'art gothique espagnol, un monde fascinant sculpté sur le noyer. Et l'*arrière-chœur*, une œuvre du XVIème siècle. Et la *chapelle* de la Vierge du Chemin, une œuvre remarquable de Juan de Badajoz. Ce ne sont que quelques exemples, à la beauté rehaussée par la vision d'ensemble, du sens délicat et unitaire de ce gothique fascinant.

Il est recommandé de visiter le cloître (XIIIème-XIVème siècles) et le Musée, possédant une remarquable collection de statues de la Vierge (XIIème-XIVème siècles) et des sculptures des plus grands maîtres castillans (dont Juan de Juni et Gaspar Becerra). Il conserve des pièces universellement connues: des manuscrits, comme l'*Antiphonaire mozarabe*, la *Bible mozarabe* et le *Livre des Enluminures*, des coffrets, des retables, une armoire mudéjar et plusieurs pièces picturales. Sa visite constitue, outre le plaisir de la contemplation, un véritable parcours historique et artistique.

SAN ISIDORO, JOYAU DE L'ART ROMAN

Elevé sur l'ancienne église dédiée à San Juan, où se trouvait à l'origine un temple dédié à Mercure, l'église de San Isidoro fut consacrée le 21 décembre 1063. Le voyageur doit remonter dans le temps un peu plus d'un siècle par rapport à la cathédrale, pour apprécier cet ensemble, considéré comme le plus complet de l'art roman. La place pavée, qui porte le même nom que la collégiale, permet une vision panoramique de cet endroit si cher à León. Il semblerait qu'ici, la familiarité, le naturel et la simplicité se soient unis pour écrire l'une des plus belles pages de l'histoire de l'art. Son corps -la base qui soutient sa raison d'être- est roman, avec quelques éléments gothiques, Renaissance et même baroques. Les années de jubilé uniquement, le voyageur peut accéder à l'intérieur par la *Porte du Pardon*, beaucoup plus simple que la porte principale, et *gardée* par deux médaillons en forme de tête de chien et de lion. L'ensemble a donné lieu à de belles et d'étonnantes légendes. Mais celle ayant trait à ces deux têtes est pratiquement inconnue. Elle raconte l'histoire d'un jeune couple médiéval qui se rendait à Saint-Jacques-de-Compostelle. Arrivés devant cette porte et, semble-t-il, dépourvus de principes religieux, ils se moquèrent ostensiblement de la valeur symbolique du nom de la *Porte du Pardon*. Le couple se disposait à traverser le linteau afin d'entrer dans le temple, lorsque les deux animaux, dont le regard de pierre fixait jusqu'alors le sol, prirent soudain vie, tournèrent brusquement la tête vers les jeunes gens, *rugirent* avec une force inouïe qui rassembla immédiatement des centaines de personnes, et leur *montrèrent les dents* de façon ouvertement menaçante. Puis ils se pétrifièrent de nouveau, mais leur posture avait changé. C'est ainsi que nous pouvons les voir. Cependant, nous allons entrer par la porte principale -la dite *Porte de l'Agneau-*, de belle facture. Elle est parachevée, sur l'écusson royal, par la statue équestre de San Isidoro. Sur un arc en plein cintre et un tympan splendide, une curieuse représentation des signes du zodiaque. Et de chaque côté, les reliefs de San Isidoro et San Pelayo. C'est à l'intérieur, en toute logique, que le contraste avec la cathédrale est le plus frappant. On y respire le sens du recueillement propre à l'atmosphère faiblement éclairée du monde roman. Déambulez le long de son plan en croix latine et de ses trois nefs. Le Très-Saint est exposé de façon permanente juste au-dessus du coffret qui contient les restes de Saint Isidoro. Il est impossible de quitter cette enceinte sans avoir visité le *Panthéon Royal*, qui est sans aucun doute son élément le plus significatif. 23 rois de León, 12 infantes et 9 comtes y reposent. Ses voûtes sont une extraordinaire succession de peintures romanes du XIIème siècle, qui racontent l'histoire de la rédemption suivant la liturgie mozarabe.

L'abbé actuel, Antonio Viñayo, commente que "c'est l'ensemble le plus remarquable d'Europe, de par sa rareté, son extension et sa conservation, sans retouches ni restaurations". Quand vous l'aurez contemplé avec attention - regardez plus particulièrement le *Pantocrator* et le *Calendrier agricole* -, vous serez très certainement d'accord avec le fait que cette salle reçoive le nom de *Chapelle Sixtine de l'Art Roman*.

En haut: *L'image équestre de San Isidoro domine la Porte de l'Agneau*. Ci-dessous: *Façade du temple.*

Christ en Majesté. Paix d'ivoire (XIème siècle).

Calice en agate, or et pierreries. Donation de l'infante Doña Urraca.

Bible Wisigothico-mozarabe (Xème siècle). Traversée de la Mer Rouge.

Panthéon Royal.

cero (Calvaire), arrivaient rapidement à Trobajo del Camino. A titre d'anecdote, le pont ayant été détruit par une révolte populaire en 1324, il fallut établir pendant des années un service de barques pour les pèlerins. Nous ouvrons une parenthèse pour revenir à la rue de la Rúa. De tous les récits basés sur

Ci-dessus: León. A gauche, et dans cet ordre, Edifice de Botines (Gaudí), Palais des Guzmanes et, au fond, la Cathédrale. **Ci-dessous, à gauche:** León. San Marcos. Sur le tympan de la façade, l'image de Saint Jacques matamore.
Ci-dessous, à droite: León. San Marcos, transformé en Hôtel de luxe -il fut aussi la prison de Quevedo-, il conserve sur la façade ce symbole de l'Ordre de Saint-Jacques, police du Chemin et protection des pèlerins.

Ci-dessus: Hôtel de San Marcos. **Ci-dessous, à gauche:** Eglise, intérieur.
Ci-dessous, à droite: Entrée, avec en face un calvaire apporté depuis l'Alto del Portillo.

le Chemin de Saint-Jacques, nous citons avec un plaisir particulier *Endrina et le secret du pèlerin,* de Concha López Narváez, qui y décrit les adorables commerces de cette rue et du quartier, la présence de multiples restaurants où déguster les délicatesses de la bonne cuisine... Le pèlerin actuel doit absolument visiter la vieille ville, riche en monuments artistiques -église de Palat de Rey ou San Martín- et constituée d'un labyrinthe enchanteur de petites rues et de placettes au charme particulier. Il ne faut pas oublier non plus le *Barrio Húmedo (Quartier Humide),* qui prend ici ses aises, ainsi baptisé pour son vin plus que pour son eau. Lieu de rencontre, la vie sociale, l'esprit de fête et la gastronomie de la région de León, typique, naturelle et imposante -vous trouverez ici un bon résumé de la province-, contribuent également au plaisir du parcours.

Nous sommes à Trobajo del Camino, d'où nous contemplons pour la dernière fois la ville de León, avec un peu de nos-

Trobajo del Camino. Ermitage de Santiago, en brique et pisé (**à gauche**). A l'intérieur, sculpture de Saint Jacques matamore du XVIIIème siècle (**au centre**). **A droite:** La Vierge du Chemin. Champs de la Via Crucis et tour du Sanctuaire. **Ci-dessous:** La Vierge du Chemin. Vue générale du sanctuaire. La construction actuelle date de 1961.

Retable Majeur, avec la Vierge.

LA VIERGE DU CHEMIN: DEVOTION ET PELERINAGE

Au tout début du XVIème siècle, la Vierge apparut à un humble berger, Alvar Simón, sur le chemin de Saint-Jacques-de-Compostelle. C'est pour cela que quelques années plus tard (1516) l'église commémorant l'événement fut inaugurée sous le nom de *Notre Dame du Chemin*. Elle devint, avec le temps, la Patronne de la Région de León, objet de la profonde dévotion de ses habitants ainsi que de ceux des régions voisines. Elle est également l'élément central d'un pèlerinage important le 5 octobre. Justine, l'héroïne du roman picaresque du même nom, est un bon exemple de l'énorme participation et de l'enthousiasme suscité par son pèlerinage dès cette époque. En 1654, un nouveau temple est inauguré, en pierres de taille et briques, avec trois nefs et un transept. Et en 1961, celui que nous contemplons actuellement. Œuvre de l'architecte dominicain Francisco Coello de Portugal, l'église est un grand volume rectangulaire qui a su marier le béton, le bois, la pierre et le verre. Equilibre et harmonie, en dépit des contrastes, d'un intérieur principalement intéressant pour son retable baroque -il appartint à l'église précédente-, avec en son centre la Vierge du Chemin avec le Fils dans ses bras. L'intérieur possède de nombreux autres détails qui essaient d'attirer l'attention des fidèles sur les mystères du rosaire. Rappelons que les verrières sont de Roberto Rafols; celles de la loge et les mosaïques sont du dominicain P. Iturgáiz.

L'intérêt de l'extérieur réside, outre la proposition volumétrique, dans les sculptures et les quatre portes d'accès. Dans le premier cas, il s'agit de treize figures, dominées par la Vierge, avec les attributs des apôtres. C'est une œuvre en bronze de Subirachs, de six mètres de haut et d'un poids de 700 kg chacune. Les portes sont également en bronze, du même auteur, avec de multiples représentations et d'intéressants symbolismes.

En face du sanctuaire, la *Fondation Vierge du Chemin*, gérée par des dominicains, possède, entre autres, un intéressant Musée des Sciences Naturelles.

Image de la Vierge du Chemin,
Patronne de la Région de León.

Retable. Image de Saint Jacques matamore, l'une des représentations les plus célèbres.

Porte. Reliefs polychromes. Saint Jacques à la bataille de Clavijo.

VILLADANGOS: L'EMPREINTE DE SAINT JACQUES

Peu d'endroits sur le Chemin ont autant de racines liées au pèlerinage de Saint-Jacques. Il suffit d'entrer dans l'église pour s'en assurer. Du XVIIème siècle, avec un gracieux campanile facile à reconnaître, elle ne comprend pas moins de sept motifs du pèlerinage de Saint-Jacques. Dès le portique, sur le fronton au-dessus de la porte d'accès au temple, une petite sculpture du saint. Mais c'est la partie supérieure des pans de la porte qui attire à présent notre attention: Saint Jacques y est représenté lors de la bataille de Clavijo, dans des scènes sculptées tout à fait curieuses et intéressantes, issues sans aucun doute de l'inspiration populaire. A l'intérieur cette fois-ci, en face de l'entrée, sur une des parois de la nef unique, une verrière moderne, mais au thème traditionnel du Saint Jacques Matamore, dans des scènes que nous avons déjà pu contempler. Le magnifique retable majeur, baroque, lui est presque entièrement consacré, à l'exception d'un panneau au Christ crucifié et d'une petite statue représentant Saint Claudio, fils de Saint Marcelo.

Un Saint Jacques Matamore à la taille imposante occupe la place d'honneur du retable. Le titulaire de l'église et patron du village est vêtu de façon extravagante, mais la pièce, avec un cheval, un cavalier et un Maure, est d'une belle plasticité. Dans la partie supérieure de la ligne de gauche, Saint Jacques Pèlerin. Chaque ligne latérale contient un panneau illustrant le même récit, le premier à propos de l'apparition de la Vierge à l'Apôtre Saint Jacques, et le deuxième à propos de la bataille de Clavijo.

Enfin, sur la partie inférieure, un relief entièrement doré et pratiquement identique rappelle la Croix des Chevaliers de Saint-Jacques, avec une coquille sous chaque bras. Bref, une église coquette -certaines statues des murs latéraux et le chœur, intime et populaire, attirent l'attention- qui mérite non seulement une visite mais aussi une étude approfondie afin d'expliquer un tel attachement au pèlerinage de Saint-Jacques et l'ampleur de ses manifestations.

talgie en pensant à tout ce qui nous resterait encore à voir et à sentir. Mais, plus loin sur le Chemin, tout un monde attend le pèlerin. Car les motivations du voyage et les *intérêts* ont pu changer, l'esprit est intact: ce chemin des étoiles est vivant. Aussi vivant que les encouragements que prodigue l'Apôtre Saint Jacques depuis le bronze qui le représente dans le Sanctuaire de la Vierge du Chemin, dans une région également riche en caves vinicoles.

A partir de maintenant, c'est comme si le Chemin traçait une ligne droite à travers la Plaine de la région de León, sous le regard, ou la protection, de la Cordillère Cantabrique, sur la droite du voyageur. Une série de villages unissent les regards, les pas et le temps: Valverde, San Miguel et Villadangos del Páramo, cher au cœur des pèlerins.

Là, ainsi que dans d'autres enclaves et détours, précédemment cités, le pèlerin peut voir que le tracé original du Chemin de Saint-Jacques a été *rasé*, sans aucune considération historique. Il n'y a pas lieu de s'inquiéter pour l'instant. En marge de futurs projets qui l'adapteront aux temps présents, le chemin actuel est celui que doit suivre le pèlerin: l'invasion des nouvelles voies de communication fait pratiquement coïncider son tracé avec la N-120 sur notre trajet. Nous continuons par San Martín jusqu'à Puente de Orbigo et Hospital de Orbigo, séparés par la mythique rivière Orbigo et unis par le pont emblématique chargé d'histoire et d'histoires, l'un des symboles de cette région qui porte le nom de la rivière. Si le pèlerin a le temps, nous lui conseillons de se

Ci-dessus, à gauche: Santa Marina del Rey. Orgue baroque de l'église paroissiale. Ci-dessus, à droite: Hospital de Órbigo. Eglise de San Juan, construite par les Chevaliers Hospitaliers. Ci-dessous, à gauche: Pèlerins traversant la plaine de León. Ci-dessous, à droite: Estébanez de la Calzada. Eglise, terminée en 1798, et récemment restaurée.

HOSPITAL DE ORBIGO: UN PONT POUR CHEVALIERS ET PELERINS

Un hôpital (en espagnol, *hospital*) et une rivière, tous deux très importants pour la Route de Saint-Jacques, sont à l'origine du nom du village *Hospital de Orbigo*. Le pont (en espagnol, *puente*) qui traverse la rivière -le nom du village sur l'autre rive est *Puente de Orbigo (Pont d'Orbigo)*- est connu surtout pour avoir été la scène de joutes chevaleresques, suivant les habitudes de la Cour qui font irruption dans le Chemin à la Renaissance.

A cause d'une promesse faite à une dame, le chevalier originaire de León, Suero de Quiñones, devait rompre trois cents lances avec des chevaliers voulant traverser le pont. Il n'arriva qu'à cent soixante-six. Les chevaliers peu désireux de se mesurer à lui en joute traversaient en passant par le lit de la rivière. Ils étaient cependant traités de lâches. Pero Rodríguez de Lena, scribe et notaire des Quiñones, qui assista à toute l'histoire, la raconta dans son *Livre du Passage Honorable de Suero de Quiñones*.

Et c'est ainsi que le pont fut désormais connu sous le nom de Pont du *Passage Honorable*. Avec le temps, de nombreux écrivains se firent l'écho de cet exploit -par exemple le Duc de Rivas-. Les joutes commencèrent le 10 juillet 1434 -au cours d'une Année Sainte justement- et, à l'exception du jour de Saint Jacques, elles durèrent jusqu'au 9 août. Ce jour-là, Don Suero fut blessé et entreprit avec sa suite un pèlerinage à Saint-Jacques-de-Compostelle. La chapelle des reliques y conserve encore, autour du cou du Saint, le ruban bleu de la dame que Don Suero avait emporté en gage. On peut y lire une inscription sur l'amour qu'ils se portèrent. Don Suero mourut vingt-quatre ans plus tard, des mains d'un des vaincus sur le *Passage Honorable*. Un des plus célèbres et l'un des plus beaux de la Route, ce magnifique pont d'origine romaine, qui connut de multiples et curieuses aventures tout au long de son histoire, attire l'attention par sa longueur, sa forme courbée et pentue, et ses dix-neuf arcs inégaux.

Le pont qui relie Puente de Orbigo et Hospital de Orbigo est l'un des plus célèbres et des plus beaux de la Route. Il attire l'attention par sa forme courbée et pentue, et ses dix-neuf arcs inégaux. Entre juillet et août 1434, il fut le théâtre de joutes chevaleresques renommées. En souvenir, des Joutes Médiévales y sont célébrées le premier dimanche de juin.

rendre dans un village des alentours, Veguellina. Il aura ainsi la confirmation, à ce stade du chemin, de la monotonie de la Plaine, mais il pourra également se rendre compte que cette Plaine n'est parfois pas du tout désertique et qu'elle devient alors un authentique verger, aux importantes zones irriguées.

Maintenant, c'est sûr, on y est presque.

Ci-dessus: San Justo de la Vega. Depuis le calvaire de Santo Toribio, vue de la ville d'Astorga.
Ci-dessous: San Justo de la Vega. Entre le village et Astorga, ce pont romain de la Molinería.

La vue rafraîchie par le paysage, une série d'ondulations serviront de distraction au regard. Pendant que nous marchons, bien entendu. Si quelqu'un veut se permettre le luxe d'un nouveau détour (vers Estébanez de la Calzada), ce peut être une bonne formule pour rompre la monotonie. Sinon, il faut que vous sachiez que vous vous rapprochez de San Justo de la Vega. Depuis son calvaire de Santo Toribio, vous avez une vue splendide de la ville vers laquelle nous nous dirigeons. La fin du trajet est à un jet de pierre. Une fois à San Justo, nous traversons le pont sur la rivière Tuerto, et nous sentons enfin la caresse d'Astorga.

D'ASTORGA A VILLAFRANCA DEL BIERZO, PAR LA MARAGATERIA Y LE BIERZO

Astorga est par nature et depuis des siècles une ville de chemins, un croisement de routes, un arrêt et une auberge pour les légionnaires romains, les pèlerins et les muletiers de la Maragatería. L'*Asturica Augusta* romaine, qui laisse entrevoir à chaque instant les mystères lointains de ses racines, devint rapidement chrétienne. La légende impossible vous assurera que l'Apôtre Saint Jacques lui-même parcourut les voies qui la reliaient au monde et qu'il y installa un évêque, que les fausses chroniques appelèrent Efrén. Il reste de tout cela le titre d'Apostolique pour sa Cathédrale, qui domine la ville du haut de ses tours symétriques de style classique et se découpe sur le paysage des hauteurs du Teleno, blanc de neige pendant des mois. Des preuves cette fois-ci incontestables attestent sa condition de siège épiscopal depuis le IIIème siècle. Ce caractère a marqué et marque encore le profil de la ville. Il est cependant riche en nuances qui font de son histoire mouvementée, de son patrimoine et de ses coutumes un jalon important qui ne cesse de surprendre.

A gauche: Astorga. Cathédrale. Voûtes de la nef centrale.
Ci-dessous: Astorga. Palais Episcopal, œuvre de Gaudí.

Murée depuis les temps romains, Astorga est ville de pèlerinage et d'accueil jusqu'au bout des ongles. C'est ici que la dite Route de l'Argent, chemin de pèlerinage des gens du Sud qui suit le tracé d'une solennelle voie romaine, rejoint le chemin français.

Le pèlerin ressent dans toute sa chaleur l'hospitalité d'Astorga: elle n'est devenue ni une habitude ni une gêne et le pèlerin y trouvera, outre l'auberge indispensable, amabilité et orientation à fleur de conversation et d'accueil. Astorga se révèle tel un navire de pierres sombres ancré dans une mer de champs de silence, en direction de la Maragatería, et de verdure, sur les rives des rivières discrètes qui l'entourent.

Le Chemin français entre par la Puerta del Sol qui, malgré son arc disparu, conserve toute la saveur du pèlerinage: on peut voir à ses côtés, tout à fait vivants, avec une nouvelle affectation et une nouvelle architecture, le vieil hôpital des Cinco Llagas *(Cinq Plaies)*, jadis une référence obligée des malades et des voyageurs, et le Couvent de San Francisco *(Saint François)*, qui unit ses débuts légendaires au séjour du Saint d'Assises, lors de son pèlerinage à Saint-Jacques-de-Compostelle. Puis, à gauche, en passant par l'ancienne rúa de las Tiendas, zone établie par les Juifs qui y avaient là l'une de leur juiveries et une synagogue, on arrive à l'église de San Bartolomé, véritable vitrine de styles allant de l'art préroman à l'art

LA CATHEDRALE D'ASTORGA

Une succession de cathédrales, aux dimensions de plus en plus importantes, à la recherche du prestige dans le meilleur des styles, nous conduit à la cathédrale actuelle, commencée à la fin du XVème siècle par les absides en un gothique qui pressent sa fin proche. L'intervention de Rodrigo Gil la fait passer du gothique allemand à un style favorable à des solutions plus espagnoles. Au cours de trois siècles de travaux, les styles se succèdent. Celui de la façade est un baroque intense qui s'enflamme comme un brasier lorsque le soleil couchant caresse les pierres rouges. C'est là que se trouve Saint Jacques pèlerin. Il est représenté comme Saint Jacques Apôtre sur l'un des autels, sur les vitraux et sur le couronnement du retable majeur. Ce dernier est une œuvre insigne de Gaspar Becerra, du XVIème siècle, leçon équilibrée de mariologie et de sculpture maniériste que ne renierait pas Michel-Ange lui-même. Le chœur Renaissance est un arrêt obligé, chacun de ses sièges illustrant une litanie de saints et de prophètes ainsi que de toutes les miséricordes, avec des scènes picaresques et pédagogiques contre les vices et les erreurs. La grille est de Lázaro de Azcaín. La Vierge de la Majesté, du XIIème siècle, vous regardera de ses grands yeux, et l'Immaculée de Gregorio Fernández vous transmettra sa sérénité. Un Saint Jean-Baptiste du XVIIème siècle est la représentation la plus intense de l'ascèse.

La cathédrale s'élargit en une solennelle sacristie du XVIIIème siècle et en un cloître néo-classique qui est un modèle de mesure. Tout près, le Musée de la Cathédrale recèle les plus heureuses surprises: le coffre roman de Carrizo, le coffret d'Alphonse III le Grand, le *Lignum Crucis*, avec sa base romane et sa croix patriarcale au prodigieux filigrane, le flacon à parfum arabe... Et vous sentirez l'Apôtre Saint Jacques plus proche de vous, représenté en attitude belliqueuse sur certains panneaux ou en posture apaisante sur les prédelles des retables.

A gauche: *Astorga. Retable majeur de la Cathédrale, œuvre de Gaspar Becerra.*

Ci-dessous: *Astorga. Façade principale de la Cathédrale, dans laquelle se fondent les arts gothique, baroque et plateresque.*

baroque, et qui contient un excellent prétexte pour une visite: la magnifique scultpture de la Dolorosa de José de Rozas, artiste qui apprit son art de Juan de Juni. Le pèlerin arrive ensuite sur la Place Mayor aux arcades régulières, présidée par la façade équilibrée de l'Hôtel de Ville baroque, où un couple d'automates vêtus de muletiers marquent les heures en frappant une cloche de leurs maillets. La route traditionnelle continue par l'étroite rue de Pío Gullón, mais le pèlerin peut flâner dans les rues et les places et découvrir ainsi où se trouvaient les 26 hôpitaux qui firent d'Astorga, avec Burgos, la ville la plus hospitalière du Chemin de Saint-Jacques. Malgré son riche patrimoine, il manque aussi sur son plan - la guerre d'Indépendance fut particulièrement cruelle - d'autres églises et presque cinquante chapelles, dont celle de Santiago avec un retable, aujourd'hui dispersé, de peintures de qualité racontant la Vie de l'Apôtre Saint Jacques. Sans s'en rendre compte, le pèlerin atteindra l'autre pôle de la ville riche en histoire et en art: la Cathédrale de Santa María, belle et surprenante, et le Palais Episcopal de Gaudí, qui apparaît sur la muraille comme un rêve de granit blanc et qui accueille de nos jours un Musée des Chemins où d'intéressantes sculptures de Saint Jacques invitent à un dialogue de regard et de prières. Près de la Cathédrale, la Celda de las Emparedadas *(Cellule des Emmurées),* Santa Marta, l'Hôpital de San Juan, le Couvent de *Sancti Spiritus* et la maison du poète Leopoldo Panero. Ses vers vous apaiseront, vous pousseront à flâner et à en savoir plus sur cette ville à la gastronomie célèbre pour ses gâteaux et ses chocolats, que vous pourrez découvrir dans un musée simple mais très intéressant.

Nous quittons Astorga par le quartier de Rectivía et commençons un bout de chemin au caractère très marqué à travers la région de la Maragatería; la circulation se concentre sur la Nationale VI qui passe au loin, ce qui permet au pèlerin, qui suit la route indiquée par le *Codex Calixtinus*, de pro-

Au centre, à gauche: Astorga. Un pèlerin marche près de la Puerta del Sol.
Au centre, à droite: Astorga. Eglise de San Francisco et Chapelle de la Vera Cruz.
En bas, à gauche: Astorga. Hôtel de Ville (XVIIIème siècle).
En bas, à droite: Astorga. Fouilles archéologiques.

Ci-dessus:
A gauche: *Astorga. Statue de Notre Dame de la Majesté (XIIème siècle), dans la Cathédrale*. Au centre: *Astorga. Musée des Chemins, dans le Palais de Gaudí: dalle romaine*. A droite: *Astorga. Fenêtre de la troublante Cellule des Emmurées*.

Ci-dessous:
A gauche et au centre: *Astorga. Musée des Chemins. Deux images de Saint Jacques pèlerin*. A droite: *Astorga. Figure de Pedro Mato, couronnant un pinacle de la Cathédrale*.

fiter du silence et de la poésie, de l'odeur des genêts et du thym, et du mystère d'un peuple à mi-chemin entre la légende et la réalité, celui de la Maragatería, qui a toujours suscité l'intérêt. L'écrivain Concha Espina le transforma en littérature dans son roman *Le Sphinx de la Maragatería*, et le pot-au-feu, qui commence par la viande et se termine par la soupe, est devenu un plat indispensable et à la saveur authentique.

Il y a un lazaret juste à la sortie d'Astorga et, un peu plus loin, à Valdeviejas, la dévotion au Saint *Ecce Homo* occupe une chapelle rurale, liée depuis toujours aux pèlerinages. Nous traversons Murias de Rechivaldo puis nous faisons un petit détour pratiquement obligatoire pour découvrir Castrillo de los Polvazares, un des plus beaux villages de la Maragatería avec sa rue de pierres, ses maisons blasonnées et son église baroque, avec de belles sculptures sur les retables.

Santa Catalina de Somoza -ancien nom de la province- dont le point de repère est le Mont Teleno qui constitue la toile de fond permanente et magnifique de cette partie du Chemin, fut le siège d'un important hôpital, raison pour laquelle le village est cité dans les sources comme Hospital de Santa Catalina; El Ganso posséda également un hôpital, avec une chapelle dédiée à Saint Jacques et, dans son portique, une chapelle avec le Christ des Pèlerins où d'après la légende l'Apôtre Saint Jacques lui-même célébra la messe.

Rabanal del Camino représentait la fin de la 9ème étape du *Codex Calixtinus*, avec un hôpital bien équipé: le village se ca-

Ci-dessus, à gauche: Valdeviejas. Ermitage de l'Ecce Homo.
Ci-dessus, à droite: Eglise de Murias de Rechivaldo.
Ci-dessous, à gauche: Castrillo de los Polvazares, village typique de la Maragatería.
Ci-dessus, à droite: El Ganso. Calvaire.

Page suivante:
En haut: Vue panoramique de Santa Catalina de Somoza.
Au centre, à gauche: Rabanal del Camino. Campanile de l'église.
Au centre: Près d'El Acebo, cette croix sur le chemin.
Au centre, à droite: Foncebadón. Campanile de l'église, presque en ruines et en projet de restauration.
En bas: Paysage hivernal, depuis Foncebadón.

ractérise donc par l'esprit du pèlerinage. De nos jours, Rabanal propose toujours des auberges pour le repos. Par ailleurs, ses ermitages baroques, du Christ et de San José, et son église, aux vestiges romans et avec une statue de Saint Jacques, sont propices aux réflexions esthétiques et spirituelles intenses. La rue qui d'une certaine façon articule cette localité très appauvrie, comme toutes celles de la zone, présente des constructions intéressantes, comme la maison baroque aux quatre coins, que certains chroniqueurs, à l'encontre de toute logique, s'entêtent à qualifier de logement de Philippe II, alors que celui-ci ne passa jamais par ici, et put encore moins se loger dans une maison construite deux siècles après sa mort.

Le chemin monte et en hiver la neige le recouvre d'un épais manteau. Nous arrivons à Foncebadón, le village aujourd'hui mort et spectral comme un silence sans espoir, où au XIème siècle un ermite, Gaucelmo, fonda une auberge; un peu plus loin, la croix de Ferro, si emblématique dans sa simplicité, avec la Chapelle moderne de l'Apôtre Saint Jacques. Nous abandonnons le pays de la Maragatería, et comme dans un miracle, nous entrons dans le Bierzo vert et serein. Nous dépassons des villages tels que Manjarín, sur la gauche Compludo et son célèbre atelier de forge, puis El Acebo, qui possé-

En haut et au centre: Depuis le Mont Irago, près de Foncebadón, le pèlerin peut contempler des paysages beaux et variés.

RABANAL DEL CAMINO ET FONCEBADON

Aymeric Picaud divisa le Chemin de Pèlerinage en étapes et attribua à Rabanal la fin de la 9ème, ce qui signifie que le village avait une certaine importance. De nos jours, comme tant de villages de la zone de la Maragatería, c'est un village dépeuplé, et en constante diminution, mais ses constructions conservent un charme singulier. A l'entrée du chemin se trouve un ermitage du Santo Cristo, dont les ex-voto naïfs suspendus aux murs racontent les miracles. Un peu plus loin, la chapelle de San José, baroque et aux sculptures élaborées, est la manifestation de la dévotion d'un riche muletier. L'église de Santa María possède des vestiges romans et des retables baroques.

Foncebadón n'est pas très éloigné de Rabanal. C'est là que se trouve le Mont Irago, siège au Xème siècle d'un Concile convoqué par le roi Ramiro II, probablement dans un monastère perdu dans le paysage dépouillé. Les sources documentaires attestent l'existence d'une église et d'un hôpital.

La Cruz de Ferro *(croix de fer)*, à la sortie du village, est l'un des endroits emblématiques du Chemin de Saint-Jacques. Une simple croix de fer se dresse au bout d'un long poteau planté sur un monticule de pierres, formé au cours des siècles et que les pèlerins d'aujourd'hui contribuent à augmenter. Son origine incertaine a donné lieu à toutes sortes d'hypothèses, qui ne sont pas forcément contradictoires. Mais il s'agit probablement d'une borne qui signalait les limites d'un territoire ou d'une propriété. Peut-être s'agit-il de la limite du terrain concédé par Alphonse VI à l'ermite Gaucelmo en 1103.

A Foncebadón, l'emblématique Cruz de Ferro et, tout près, l'ermitage de Santiago.

Ci-dessus:
A gauche: *Castrillo de los Polvazares. Calvaire typique de la Maragatería.* Au centre: *Rabanal del Camino. Auberge.*
A droite: *El Acebo. Saint Jacques pèlerin dans l'église paroissiale.*

Ci-dessous:
A gauche: *Moutons transhumants dans la Maragatería.* Au centre. *Rabanal del Camino. Façade baroque de l'église de San José.*
A droite: *Compludo. Vue du fameux atelier de forge.*

da un hôpital de même que Riego de Ambrós, et nous arrivons à Molinaseca qui, fidèle à sa tradition, offre un refuge aux pèlerins. La rue Real invite à la flânerie et à la nostalgie, avec ses maisons nobles déchues, ses vestiges d'hôpitaux, ses dévotions mariales liées à la Pérégrination, comme le Sanctuaire des Angustias. La pérégrination est surnommée ici la Magnifique, tel un personnage du Romancero *(recueil de romances)*. Pour atteindre Ponferrada, le Chemin offre deux voies: celle qui passe par Pomboeza, où une confrérie faisait traverser la rivière Boeza aux pèlerins à l'aide d'une barque, à l'époque où le pont disparut; et celle qui est préférable de nos jours, et qui passe par Campo, avec ses maisons en pierre de taille et ses recoins à la beauté sereine de la simplicité.

A Ponferrada, une ville animée, le contraste est brutal entre la vieille ville -le Château des Templiers, la Basilique de la Encina, la Tour de l'Horloge, les maisons aux orgueilleuses

Au centre, à gauche: El Acebo. Rue des Pèlerins. **Au centre, à droite:** Riego de Ambrós. Au premier plan, l'ermitage de San Fabián.

MOLINASECA

Molinaseca est déjà de la région du Bierzo sans cesser d'appartenir au Chemin de Saint-Jacques. Ce qui fait d'elle une région ouverte et généreuse. Les moulins à qui elle doit son nom se succédaient probablement le long de sa rivière, Meruelo. Il est probable qu'elle doive la vie et le prestige au Chemin de Saint-Jacques. Des sources attestent l'existence, au XIIIème siècle, d'un *vico francorum*, ainsi que la présence dans le voisinage de Juifs et de Galiciens. Située sur une hauteur, l'église paroissiale est dédiée à Saint Nicolás. C'est une construction à l'architecture classiciste, avec sa tour solennelle au plan carré et, à l'intérieur, un retable majeur baroque, œuvre de Pedro Núñez de Losada, de 1674. Elle contient également une statue remarquable de Saint Jean-Baptiste. Le Sanctuaire des Angustias, situé à l'extérieur du village, fut construit au début du XVIIIème siècle et se rattache pleinement aux dévotions mariales du Chemin de Saint-Jacques, avec leurs continuelles représentations de Notre Dame au Christ mort dans ses bras. On retrouve également l'influence du pèlerinage à Molinaseca dans l'existence d'une rue appelée "de los Peregrinos" *(des Pèlerins)*. Les sources historiques attestent l'existence de trois hôpitaux: celui de San Lázaro, situé sur le Chemin lui-même; l'Hôpital Casa de Molina, qui appartenait à l'église d'Astorga, et probablement rénové par l'évêque Sancho de Acebes au début du XVIème siècle; et celui de San Nicolás, qui devait être près de l'église.

Molinaseca.
Sanctuaire des Angustias.

PONFERRADA

Basilique de Nuestra Señora de la Encina.

Intérieur de la Basilique de la Encina.

Les deux rivières Boeza et Sil se rejoignent à Ponferrada. Construire un pont était pratiquement une nécessité. C'est l'Evêque Don Osmundo qui s'en chargea, au XIème siècle, et ce pont donna son nom et l'opportunité du développement à la ville de Ponferrada *(pont de fer)*. Le pèlerinage de Saint-Jacques est donc intimement lié à l'histoire de cette capitale contemporaine. Son plus grand trésor est d'ailleurs la Virgen de la Encina *(Vierge du Chêne Vert)*, une sculpture de

Image de la Virgen de la Encina (XVIème siècle), Patronne du Bierzo.

couleur sombre. La légende raconte qu'elle fut rapportée de Jérusalem et que, dissimulée pour la protéger de profanations arabes, elle réapparut dans le creux d'un chêne vert qu'un Templier s'apprêtait à tailler. Ce qui est certain, dans tous les cas, c'est l'énorme importance de cette Virgen de la Encina aux yeux des habitants du Bierzo. Sa basilique date des XVIème et XVIIème siècles. Son élégante tour domine la vallée. A l'intérieur, les pèlerins vénèrent le Cristo de la

Calle del Reloj (Rue de l'Horloge).

Hôtel de Ville, construction baroque érigée en 1692 par Pedro de Arén.

Fortaleza *(Christ de la Forteresse),* du XIIème siècle. Le retable majeur, du XVIIème siècle, doit certaine de ses sculptures à Mateo de Prado, disciple de Gregorio Fernández. Et, avec la protection de la Vierge, les Templiers construisirent le Château ou forteresse, suivant de stricts critères de défense. Une fois l'Ordre aboli, le château sera l'objet de litiges nobiliaires, mais il ne cessera jamais d'être le symbole de la ville. Ponferrada ne fut pas indifférente au pèlerinage, et 8 ou 9 hôpitaux furent construits par des confréries ou des particuliers pour y accueillir les pèlerins. Le Real Hospital de Santa Ana ou de la Reina est le plus célèbre d'entre eux et remplit aujourd'hui encore sa mission d'hospitalité. La tradition veut qu'il ait été fondé par les Rois Catholiques, fruit de leur politique de réunification des petits hôpitaux pour des raisons d'efficacité. Ponferrada offre d'autres surprises. Elles valent bien la peine d'être découvertes et rapportées.

Château des Templiers, porte principale.

pierres blasonnées, les vieilles rues sinueuses et colorées- et le Ponferrada issu de l'industrie de la mine, la grande ville synonyme de travail pour des gens en provenance des régions les plus diverses. Il faut rechercher l'origine du nom et peut-être de la ville elle-même dans le Pont construit au XIIème siècle par l'Evêque d'Astorga, Osmundo, afin de faciliter la traversée de la rivière Sil aux pèlerins. Ponferrada était ainsi liée pour toujours au pèlerinage de Saint-Jacques, avec des hôpitaux importants tel celui fondé ou protégé par les Rois Catholiques en 1498. De nos jours, Ponferrada offre au pèlerin refuge et chaleur, accueil et encouragement.

Le Bierzo se traduit maintenant par un agréable paysage, avec de nombreux arbres fruitiers et des vignes aux crus prestigieux: Compostilla, dont le toponyme est de même racine que Compostelle, Columbrianos, Fuentes Nuevas, Camponaraya, sont les noms de villages traversés par la route. Un détour intéressant et pleinement respectueux de l'esprit du pèlerinage nous conduit à Carracedo, où les moines cisterciens accueillirent les pèlerins avec un respect généreux jusqu'à l'époque de la Désamortizacion, qui laissa le monument en ruines, rénovées de nos jours. Cacabelos, sur les berges de la Cúa, est un village où il faut obligatoirement faire un arrêt afin de déposer une prière aux pieds de la Vierge de la Quinta Angustia dans son sanctuaire baroque à la sortie du village, et un peu de bon vin dans notre palais.

La gastronomie du Bierzo est des plus saines: les poivrons, les fruits, le botillo *(type de charcuterie)*... Ces mets permettent de reprendre des forces et de poursuivre le chemin qui traverse maintenant Pieros, proche d'une ville astur soumise par les Romains, *Castrum Bergidum* et, se souvenant que la route du pèlerinage fut tracée sur les vieux chemins de Rome, il arrive finalement à Villafranca del Bierzo, où commence un autre chapitre, ou une nouvelle étape, de ce parcours serein vers Saint-Jacques-de-Compostelle.

A gauche: Eglise de Santo Tomás de las Ollas. Chapelle Majeure, mozarabe (Xème siècle). **A droite:** Cacabelos. Sanctuaire de la Quinta Angustia, à la façade néo-classique. L'intérieur est baroque.

Ci-dessus: Carracedo. Monastère cistercien, de la fin du Xème siècle. **A gauche:** Salle Capitulaire. **A droite:** Mirador de la Reine. **Au centre, à droite:** San Pedro de Montes. Ermitage de la Cruz, avec des vestiges mozarabes. **Ci-dessous, à gauche:** Santiago de Peñalba. La magnifique porte mozarabe de l'église de Santiago. **En bas, à droite:** Peñalba de Santiago. Architecture populaire du Bierzo.

XI De Villafranca del Bierzo a Portomarin

Suivre les chemins du Bierzo, qui pénètrent en Galice le long des sentiers sinueux menant au Cebreiro, signifie découvrir un paysage encore aujourd'hui enveloppé d'un mystère silencieux et sentir dans sa chair l'expérience de la transcendance. Villafranca del Bierzo est comme un recueil de paix et de poésie. La pierre devient art et prière et la Burbia et la Valcarce accompagnent nos réflexions d'une mélodie toute grégorienne.

Villafranca est un don du chemin: elle naît au XIème siècle à la chaleur des pèlerinages. Alphonse VI règne alors en León et Castille, et les moines bénédictins de Cluny décident de s'installer à Villafranca pour accueillir les pèlerins, en majorité Francs: c'est ainsi que naît un monastère appelé Santa María de Cluniaco, entouré d'un *vico francorum*, et qui ne cessera tout au long des siècles d'accumuler honneurs, prestige et grandeur, mais qui nous apparaît aujourd'hui silencieux et comme songeur. Des artisans et des marchands arrivent, des hôpitaux sont ouverts, comme ceux de San Lázaro et Santiago, les rivières se mettent à refléter l'architecture des ponts, et de nouvelles églises et couvents ne cessent d'être construits, afin que chaque prière dispose de son site et les cigognes de tours pour y faire leurs nids. En 1196, Alphonse IX lui concède des lois municipales et elle devient une pièce convoitée par la noblesse. Les Alvarez de Tolède, Marquis de Villafranca, parviennent finalement à asseoir leur autorité. Ils obtiendront par la suite une abbaye *nullius* avec abbé et chanoines, fonderont des couvents et érigeront la Collégiale à la vocation de cathédrale et à la belle architecture Renaissance.

Villafranca invite le pèlerin à oublier sa possible hâte, à se rendre à San Francisco, à écouter le chant des nonnes de l'Anunciada, à respirer le silence des allées plantées d'arbres, à songer en voyant le château à la noblesse de ceux qui l'érigèrent et à murmurer une prière devant le Christ gothique de l'église romane de Santiago, dont la Porte du Pardon permettait aux pèlerins retenus par la maladie de gagner le pardon du jubilé. Il y a beaucoup à voir à Villafranca: des couvents, l'ancien Collège des Jésuites, la rue de l'Agua, la place Mayor avec son théâtre, les maisons à la noblesse faite blason et balcon, les allées de peupliers qui rendent hommage à la poésie à chaque printemps... Il y a beaucoup à voir et à apprécier, et à déguster aussi: à Villafranca la gastronomie est un art plein de saveurs que l'on ne se lasse pas de redécouvrir. Mais le pèlerin, qui peut aussi faire un bref détour pour voir les

A gauche: Samos. Monastère bénédictin. Façade baroque de l'église, XVIIIème siècle. **Ci-dessous:** Villafranca del Bierzo. Collégiale de Santa María (XVIème siècle).

églises romanes et le château de Corullón, doit reprendre son sac à dos et son bourdon et poursuivre son chemin le long de la vallée prodigieuse de la Valcarce: accompagné du son de la rivière, vous verrez surgir devant vous des villages familiers aux belles maisons simples d'architecture populaire, et vous aurez alors l'occasion de découvrir l'odeur et le goût du miracle doré de châtaignes grillées accompagnées d'un riant vin nouveau. Pereje, Trabadelo, la Portela de Valcarce, Ambasmestas, où s'unissent les eaux claires de la Burbia et de la Valcarce, Vega de Valcarce, surveillé et défendu par les châteaux de Sarracín et Santa María qui vous montreront dans la lumière du coucher leur profil de ruines à contre-jour, ouvrant notre imagination au mystère et à la légende. A Ruitelán, il est possible que Saint Froilán, l'évêque de León qui obligea le loup qui avait dévoré son âne à lui servir de porteur pour ses provisions, apparaisse telle une ombre sur le chemin pour vous dire une parole d'encouragement, afin que poursuiviez avec enthousiasme un chemin qui ne cesse de monter et de s'éloigner du monde. Puis se succèdent Las Herrerías dont le nom, *Les Forges*, rappelle le métier, un pont à la belle allure, et enfin, avant d'entrer en Galice, La Faba. Le paysage ne changera pas beaucoup, mais nous sommes déjà dans un autre royaume et une autre province. La Galice et Lugo, même si le plaisir du pèlerinage est justement d'ignorer les frontières et d'unir les peuples et les paysages. O Cebreiro est un repère essentiel du Chemin de Saint-Jacques et de la Pérégrination. Il naquit avec et pour les pèlerins, et fut tout d'abord refuge puis, à partir de 1072, Hôpital tenu par les moines d'Aurillac et ensuite par les moines clunisiens jusqu'à la désamortizacion. O Cebreiro restera dans votre mémoire et dans votre cœur pour

Ci-dessus: Villafranca del Bierzo. Eglise de Santiago. **A gauche:** Vue générale. **A droite:** Porte du Pardon. **Ci-dessous, à gauche:** Villafranca del Bierzo. Château-Palais des Marquis de Villafranca, construction fortifiée de la fin du XVème siècle. **Ci-dessous, à droite:** Villafranca. Eglise de San Francisco. Plafond à caisses.

LA RUE DE L'EAU A VILLAFRANCA DEL BIERZO

Villafranca del Bierzo. Maison blasonnée dans la "calle del Agua".

L'atmosphère tranquille de Villafranca, ses rues, le carillon de ses horloges ou de ses cloches monacales, au son familier, ne vous laisseront pas indifférent. Promenez-vous dans la "calle del Agua" *(rue de l'Eau)* et déchiffrez son écriture faite d'architecture et d'héraldique: cette rue qui longe la rivière conserve de façon heureuse, sans blessure grave, la physionomie laissée par des siècles de noblesse et d'histoire. Ses balcons de palais aux blasons finement travaillés sont de véritables bijoux: les Alvarez de Tolède, les Osorio, les Quiroga... La clef de ces hiéroglyphes révélera des mariages d'amour et de raison, des batailles vaincues, des actions héroïques confirmées, des attachements qui devinrent le symbole d'une vie.

Derrière les murs fermés des couvents, comme celui de San José de Agustinas, une sensation de paix extrême vous attend: entrez donc un instant dans son église paisible, aux retables baroques et à la moderne verrière, œuvre d'un peintre contemporain de génie, Benito Escarpizo. Telle une opportune didascalie, diverses plaques vous diront que d'humbles maisons virent naître le Père Sarmiento, brillant érudit du XVIIIème siècle, et le poète Enrique Gil y Carrasco, qui écrivit les plus belles pages du romanticisme. Mais vous trouverez aussi des tavernes et des caves où vous pourrez déguster l'excellent vin de ces coteaux, connaître de nouveau amis ou écouter des poèmes, miracles qui, à Villafranca, sont à la portée du désir.

son paysage austère, son église des IXème-Xème siècles, ses maisons aux toits de paille... mais surtout pour avoir été la scène du Miracle eucharistique, lorsque le pain et le vin se transformèrent en corps et sang, à la fois surprise et punition du moine de peu de foi qui avait méprisé l'effort d'un paysan venu écouter la messe un jour de forte tempête.

Le souvenir du prêtre Elías Valiña, l'un des apôtres et des promoteurs les plus enthousiastes du Chemin à une époque récente, est encore vivant à O Cebreiro, dans ses pierres et sur ses inscriptions exprimant la reconnaissance et l'affection.

Ci-dessous, à gauche: Pereje, exemple d'architecture populaire. Ci-dessous, à droite: Ambasmestas, où les eaux du Burbia et du Valcarce se rejoignent.

En haut, à gauche: Château de Sarracín. **En haut, à droite:** Ruitelán.
Au centre, à gauche: Vega de Valcarce. **Au centre, à droite:** Herrerías de Valcarce.
En bas, à gauche: La Faba, à la végétation exubérante. **En bas, à droite:** Laguna de Castilla. Grenier à grain. La dernière localité de la province de León.

En haut, à gauche: Le Chemin à son passage par Laguna de Castilla. **En haut, à droite:** Paysage perdu dans le brouillard à O Cebreiro.
Au centre: A pied ou à vélo, la montée d'O Cebreiro est dure.
En bas: O Cebreiro. Construction typique et église de Santa María la Real.

LE MIRACLE EUCHARISTIQUE D'O CEBREIRO

Intérieur de l'église, très simple, avec trois nefs.

Image de Santa María la Real.

Le Calice du Miracle.

Dans l'église d'O Cebreiro, vous verrez dans l'une des absides, protégé par une vitrine de sécurité, un calice roman du XIIème siècle, portant des inscriptions sur la coupe et le pied, et un nœud ajouré qui en fait un joyau de l'orfèvrerie médiévale, ainsi qu'une patène à six lobes avec la main du Sauveur au centre, joints aux reliquaires d'un fait surprenant connu dans toute l'Europe. Le récit en fut certainement répandu par les pèlerins, au regard et à la mémoire prédisposés au miracle, à la légende et au merveilleux. Le miracle eucharistique d'O Cebreiro eut lieu au XIVème siècle. Un jour de mauvais temps, un paysan du hameau de Barxamaior se rendit à l'église. Le moine qui célébrait la messe, homme de peu de foi, méprisa l'effort du villageois. Il consacrait l'hostie et le vin en une attitude indifférente, lorsque ces derniers se transformèrent en chair et sang à la vue de tous. D'après les récits, les Rois Catholiques, pèlerins, laissèrent en 1486, en signe de piété, un reliquaire d'argent pour les espèces eucharistiques, transformées en signe incontestable de la présence réelle du Christ dans l'Eucharistie. O Cebreiro devint ainsi un centre d'attention pour les âmes pieuses et le rendez-vous obligatoire de milliers de pèlerins les 8 et 9 septembre lors de la fête de Notre Dame et du Saint Miracle, qui servit de thème à Richard Wagner pour son célèbre *Parcifal*. O Cebreiro attire la célébrité et devient un mont sacré qui ne laisse personne indifférent: tous sont remplis de la sensation silencieuse de toucher les blanches limites du mystère.

Alto de San Roque. Monument au Pèlerin.

DE PETITS HOPITAUX SUR LES TERRES D'O CEBREIRO

Triacastela. Ancien hôpital de pèlerins.

L'accueil du pèlerin se traduisit partout en une hospitalité aimable et généreuse, et l'œuvre de miséricorde qui conseille d'offrir un abri au pèlerin fut vécue comme une façon magnifique de donner un sens à la vie. Dans ces lieux aux cols interminables et escarpés, aux hivers longs et difficiles qui, selon les récits, mirent si souvent en danger la vie des pèlerins, en 1488, le Seigneur Saint Jacques luimême aida Jean de Tournai et son compagnon Guillaume, prisonniers de la neige. Des "hôpitaux" ou des auberges surgirent généreusement: en dépit de leur simplicité, ils offraient aux pèlerins le confort indispensable à la poursuite du pèlerinage. A O Cebreiro, de 1072 à la "désamortizacion", les moines bénédictins mirent en application les mandats de leur règle concernant l'accueil déférent des pauvres et des pèlerins: ils y étaient accueillis comme des hôtes de marque. Un peu plus loin, dans ce qui est encore appelé Hospital de la Condesa *(Hôpital de la Comtesse)*, au Moyen Age, il est dit que Doña Egilo fonda un hôpital. A Fonfría del Camino, un refuge ouvert depuis 1535 offrait aux pèlerins *gratis et amore* le feu, le sel, l'eau et un lit avec deux couvertures, et pour les malades, un morceau de pain, des œufs et du beurre. A Triacastela, au paysage plus serein, il y eut également un hôpital, dont il reste la maison et, bien entendu, le souvenir.

Dans les guides des pèlerins, la colline du Cebreiro est signalée comme le passage le plus difficile de toute la Route. C'est probable, mais il est également vrai que la main tendue de tous les cœurs nobles qui vécurent et vivent encore sur ces hauteurs soulagea les fatigues et apporta de l'espoir sur le Chemin de Saint-Jacques.

A gauche: O Cebreiro. Calvaire avec un Saint Jacques pèlerin. **Au centre:** Signalisation du Chemin. **A droite:** L'une des fontaines du Chemin, si chères au cœur du pèlerin.

Liñares, l'Alto de San Roque, l'Hospital de la Condesa, Padornelo, l'Alto del Poio, Fonfría del Camino, Biduedo, Filloval, le chemin, bien indiqué, a dans ces villages des détails qui font que le pèlerin se sente l'héritier d'une magnifique tradition de foi et de solidarité. C'est le souvenir des hôpitaux et des refuges, renouvelé dans les modernes auberges: parce que la charité est toujours la même et le pèlerin véritable, un mystère et un frère.

En haut: Liñares, avec l'église de San Esteban.
Au centre, à gauche: Padornelo. Eglise.
Au centre, à droite: Triacastela. Eglise paroissiale de Santiago (XVIIIème siècle).

A Triacastela, où le *Codex Calixtinus* plaçait l'arrêt et l'auberge de la 11ème étape, il faut à nouveau s'arrêter, boire

L'ART DANS LE MONASTERE BENEDICTIN DE SAMOS

L'ensemble monumental est constitué de deux grands cloîtres, reliés entre eux: le grand, dit de Feijoo, des XVIIème et XVIIIème siècles, et celui des Nereidas *(Néréides),* du XVIème siècle, avec une fontaine originale. L'église, de grandes dimensions, est adossée au cloître majeur. Un pavillon, qui sort du cloître datant du XVIème siècle, et l'ancienne cuisine avec sa haute cheminée, complètent le plan. Les murs du monastère sont animés d'une multitude de fenêtres avec encadrement et appui en pierre de taille.

L'église est une importante construction baroque (1734-1748). Son architecte est le moine de la propre maison, Juan Vázquez. L'intérieur, à trois nefs avec transept et une grande coupole semi-sphérique, s'inscrit dans les schémas classicistes, très influents dans l'art galicien. La façade, inachevée, assume des postulats plus nettement baroques.

Un ensemble de retables et de statues particulièrement important nous oblige à citer les noms de deux des plus grands maîtres de la sculpture galicienne de tous les temps: Francisco de Moure (1577-1636), le grand maître du premier baroque, auteur de deux retables et des magnifiques statues de l'Inmaculada, San Juan Bautista et la Dolorosa; et José Ferreiro (1738-1830), le sculpteur néoclassique le plus important de Galice, auteur du retable majeur et des statues de Saint Rosendo et de Sainte Escolástica.

Intérieur de l'église, baroque, du XVIIIème siècle.

Vue du monastère.

Le monastère a deux cloîtres, unis par un arc en anse-de-panier. Le cloître du Padre Feijoo, des XVIIème-XVIIIème siècles (ci-dessus), *est de grandes dimensions et constitue un ensemble harmonieux. Le cloître gothique ou des Nereidas* (ci-contre), *des XVIème et XVIIème siècles, est plus retiré et présente un contraste notable avec le précédent. Les quatre Néréides de la fontaine centrale, à la partie inférieure arquée, lui donnent un charme spécial et constituent un détail baroque singulier. La vie du monastère s'organisait autour de ce cloître, qui communique d'ailleurs avec trois importantes annexes communautaires: la cuisine, le réfectoire et la bibliothèque.*

l'eau de ses fontaines ou dire à l'Apôtre Saint Jacques, titulaire de la paroisse, qu'il continue d'inspirer notre chemin. L'histoire de Triacastela - il avait probablement trois château, d'où son nom - se souvient des noms de Gelmírez et Doña Urraca, et aussi d'Alphonse IX, qui voulut en faire une grande ville. Il est visible que son rêve n'a pas été couronné de succès, mais le village est hospitalier et tranquille, et c'est tout ce que demande le pèlerin qui, à la sortie du village, trouvera un monument sur lequel écrire son nom en toute simplicité.

A la sortie de Triacastela, le Chemin continue tout droit vers San Xil et Fontearcuda, Fureda, Pintin et Calvor jusqu'à Sarria, mais nous, comme des milliers de pèlerins, nous allons prendre la déviation qui nous mènera au monastère bénédictin de Samos, important et riche dans le passé, hospitalier et généreux hier comme aujourd'hui. Les pèlerins sont reçus suivant la règle de Saint Benoît, avec un accueil chaleureux, simple mais sincère. En dépit des incendies et des aliénations, Samos est toujours une référence artistique, dont on peut lire les leçons d'histoire sur chaque pierre ancienne ou sur chaque peinture moderne, dans chacun de ses cloîtres ou dans la grande église baroque, où nous pourrons dialoguer et prier avec les belles statues des sculpteurs Francisco de Moure et Ferreiro. Samos, c'est également Feijoo, qui nous montre le grand monument serein du sculpteur originaire de Saint-Jacques-de-Compostelle, Francisco Asorey. Samos, c'est un silence de chants grégoriens, où les eaux de la rivière Ouribio dictent leurs vers de nostalgie. Samos, c'est la chapelle dite du cyprès avec ses arcs en fer à cheval qui nous renvoient aux IXème et Xème siècles.

Bien qu'elle ne soit pas citée dans le premier guide du Chemin d'Aymeric Picaud, Sarria est une ville relativement importante. Nous parcourons sa rue Mayor en sachant que nos pas marchent sur les traces de ceux qui depuis des siècles arrivèrent ici et s'arrêtèrent devant l'église romane d'El Salvador au tympan orné du Pantocrator, ou qui furent soignés à l'Hôpital de San Antonio, fondé par le Comte Lemos, ou qui allèrent chercher un repas frugal au couvent et hôpital de la Magdalena, fondé par deux clercs italiens de la règle de Saint Augustin, aujourd'hui accueillante maison de religieux de la Merci qui vivent l'évangile en ouvrant leurs portes et en offrant leur sourire. Sarria eut également un lazaret et possède de nos jours un commerce actif et de bonnes pâtisseries.

Poursuivant la route, il faut visiter l'église romane de Santiago de Barbadelo, classée monument national. Il est probable que son tympan historié constitue pour vous une énigme si vo-

Ci-dessus: Sarria. Tympan roman de l'église d'El Salvador.

Ci-dessus: Sarria. Façade du Monastère de La Magdalena, tenu par les Pères de la Merci.
Ci-dessous, à gauche: Sarria. Tour du château, seul vestige du château détruit durant les "guerres des *irmandiños*", au XVème siècle. Belles vues de la ville.
Ci-dessous, à droite: Barbadelo. Paroisse de Santiago, bel exemple d'art roman galicien.

tre caractère vous pousse à chercher des raisons à tout. Rente, Mercado da Serra, Marzán, Leimán, Pena, Peruscallo, Cortiñas, Lavandeira, Casal, Brea, Morgade, Ferreiros, Cruceiro, les villages se succèdent, ils sont à faible distance les uns des autres. Rien d'extraordinaire, mais la beauté surgit souvent de la simplicité d'une construction, d'une fontaine riante ou mélancolique suivant l'état de notre cœur, d'une chênaie qui devient presque humaine... et cette partie du Chemin est riche de tout cela. A Mirallos, elle vous offre une église romane, puis il y a à nouveau une succession de petits villages avec de superbes prairies, des vestiges de chaussées anciennes ou des églises toutes simples placées sous la protection de Saint Jacques: Pena, Couto, Rozas, Moimentos, Cotarelo, Mercadoiro, Moutrás, Parrocha, Vilachá. En Galice, le peuplement est diffus et les toponymes aux noms évocateurs abondent. Entre Parrocha et Vilachá, à peu de distance du Chemin, se trouve Cortes, et sur son territoire, Loio: il y eut là un monastère, cité dès le IXème siècle, qui fut vers 1179 berceau des Chevaliers de l'Ordre Militaire de Saint-Jacques. Les eaux du fleuve Miño vont apparaître bientôt, telle une mer intruse au repos dans le lac artificiel de Belesar et Portomarín nouveau.

Ci-dessus: Mirallos. Eglise romane de Santa María de Ferreiros, avec un beau portail et le cimetière à côté. **Ci-contre:** Forêt de chênes centenaires sur le Chemin, à Marzán. **Page suivante: En haut:** Loio. Ermitage, avec quelques vestiges du monastère qui s'érigeait ici, berceau vers 1179 de l'Ordre Militaire des Chevaliers de Saint-Jacques. **En bas:** Pont Neuf sur le Miño, pour accéder au nouveau Portomarín.

XII De Portomarin a Saint-Jacques-de-Compostelle

L'arrivée à Portomarín est toujours surprenante. Tout d'abord, parce que la route conventionnelle, asphaltée, ne permet pas de deviner les clairs-obscurs boisés du véritable chemin. Comme dans toutes les étapes de ce voyage vers Saint-Jacques-de-Compostelle, la dureté d'un passage garantit la proximité d'un paradis. Il est clair que dans le cas de Portomarín, ce paradis est éphémère. L'ancien passage est actuellement enfoui sous les eaux du lac de Belesar: lors des sécheresses, les eaux du Miño laissent entrevoir les anciennes terres de labour parsemées de pierres de taille, les pierres en ruine du pont et les vestiges de ce qui fut le moulin.

Mais la population humaine, ainsi que les monuments, survit aux eaux de l'autre côté du fleuve: là, sous les arcades de la place, face à la monumentale église de San Nicolás, de l'Ordre des Templiers, qui y fut transférée pierre par pierre, la vie s'écoule comme elle le fit toujours, et propose au voyageur les meilleurs produits de la localité: les tartes aux amandes et les eaux de vie réputées de Portomarín.

Il ne faut pas quitter la localité sans rendre un petit hommage à ce temple roman, à l'apparence fortifiée, aujourd'hui paroisse de San Nicolás et jadis de San Juan de Jerusalén, qui unit la sobriété des lignes dominantes à la beauté éthérée des porches et des rosaces.

L'hôtellerie sait également tenter le voyageur, qui découvrira dans l'enceinte, en dépit de ses dimensions réduites, depuis l'hôtel de luxe à la maison de tourisme rural. Si quelqu'un succombe aux délices du loisir, qu'il sache qu'il peut pratiquer le canoë-kayac, monter à cheval, faire du cyclotourisme et des circuits en catamaran.

Mais Portomarín n'est qu'une étape de cette succession d'efforts et de délices que représente le pèlerinage de Saint-Jacques-de-Compostelle, un chemin à l'image de la vie, jalonné d'alternatives. Comme celle de faire une halte pour contempler le château de Lameiros ou, un peu plus loin, la déviation qui conduit à Vilar de Donas, concrètement à San Salvador, où se trouve un ancien monastère féminin (de jeunes femmes nobles), mausolée des chevaliers de Saint-Jacques. La construction, aux ogives surprenantes, est le siège d'une véritable armée de statues, autrefois situées dans l'ancien cimetière, et qui recouvrent aujourd'hui les murs de cette fantasmagorique beauté de pierre.

A gauche: Portomarín. Eglise-forteresse de San Nicolás, romane, la construction la plus emblématique de la ville, avec trois portails - et une belle rosace sur le portail principal - et une seule nef. Ci-dessous: En face du pont sur le Miño, se trouvent le grand perron et l'ermitage de Nuestra Señora de las Nieves.

PORTOMARIN: EGLISE DE SAN NICOLAS

Détail de l'une des portes de l'église San Nicolás.

L'église de San Nicolás a ressuscité. Victime de la négligence des hommes, elle a été sauvée par les planificateurs du nouveau Portomarín qui l'ont transférée pierre par pierre et l'ont reconstruite en haut de la montagne où la ville reprenait vie. Paradoxalement, les ancêtres des habitants d'aujourd'hui vivaient déjà au sommet de cette montagne; mais la ville était alors fortifiée, formant ce qu'il est convenu d'appeler un *castro*.

Le pèlerin hésite: San Nicolás est-elle un temple ou une forteresse? Les deux à la fois, car à l'époque où elle fut construite il ne fallait pas prendre les choses à la légère: une main servait à tenir le crucifix tandis que l'autre brandissait l'épée. D'où les créneaux et l'aspect farouche de cet édifice qui était jadis voué à Saint Jean et qui, s'il pouvait parler, se plaindrait d'avoir été placé sur son emplacement actuel sans l'orientation précise qu'exigent les canons. Les trois portails révèlent l'influence artistique du maître Mateo, l'homme qui conçut et réalisa la plus grande œuvre d'art roman au monde: le Porche de la Gloire de la cathédrale de Saint-Jacques-de-Compostelle. Avant de terminer la visite, consacrez quelques instants à la contemplation de l'orchestre de pierre, véritable exposition d'instruments médiévaux tenus par vingt-quatre vieillards.

Deux des portes, de style roman: à gauche, *la porte Nord;* à droite, *la porte principale.*

De retour sur le chemin principal, la montée de l'Alto del Rosario nous découvre le panorama de Palas de Rei. Nous sommes maintenant dans un pays plein de promesses, tant pour la beauté de ses paysages de forêts que pour l'arrivée imminente à la ville du pèlerinage: depuis l'Alto del Rosario, on aperçoit dans le lointain le Pico Sacro. Ce n'est pas en vain que cette étape est considérée l'avant-dernière du pèlerinage à Saint-Jacques-de-Compostelle.

Ci-dessus, à gauche: Portomarín. Façade de la petite église romane de San Pedro (XIIème siècle). Ci-dessus, à droite: Vue du nouveau Portomarín, inauguré en 1962, à cause des travaux du barrage de Belesar, commencés en 1956, qui provoquèrent l'inondation du village. Ci-dessous, à gauche: Gonzar. Petite localité, avec un calvaire de facture moderne. Ci-dessous, à droite: Castromaior. Eglise romane.

Palas de Rei est une ville aux contrastes accusés, qui conjugue l'urbanisme moderne avec un legs monumental de grande importance. Il est clair que ce n'est pas par hasard: certains

En haut, à gauche: Ventas de Narón. A la sortie, l'ermitage de Santa Magdalena. **Au centre à gauche:** Lameiros. Ermitage de San Marcos. **En haut, à droite:** Lestedo. Calvaire en face de l'église. **En bas:** Vilar de Donas. Chapelle Majeure de l'église romane du Salvador (**à droite**) et détail de ses peintures murales (**à gauche**), œuvres gothiques du XVème siècle, pratiquement uniques en leur genre en Espagne.

En haut et en bas: Vilar de Donas. L'église conserve des dalles et des sépultures des Chevaliers de l'Ordre de Saint-Jacques.

situent ici la cour galicienne du Goth Witiza. Si nous y rajoutons sa condition de croisement des chemins de Galice, l'importance de Palas dans l'histoire des pèlerinage ne nous surprendra pas. Du point de vue artistique, cela nous est confirmé par la quantité d'églises romanes présentes sur son territoire. Pour sortir de ce qui fut Palais de Rois, il faut traverser plusieurs rivières. Le cours de la rivière Roxán nous oblige à faire un détour rapide par le mythique et solide Château de Pambre, symbole en Galice des rebellions populaires des Irmandiños, et toile de fond de remarquables créations littéraires.

A partir de cet instant, l'entrée dans la province de La Corogne est annoncée non seulement par le Campo Leboreiro (ou "des lièvres") du Manuscrit Calixtin, mais également par une véritable prolifération de localités de plus en plus rapprochées et de plus en plus liées au pèlerinage: à mesure que nous pénétrons dans les terres de Melide, le réseau des chemins allant vers Saint-Jacques-de-Compostelle se multiplie. L'entrée sur les terres de Melide est en quelques sorte l'arrivée du voyageur au cœur même du pays galicien. Ses prairies, fertiles s'il en est, montrent ce qui durant des siècles fut la vie rurale de cette Communauté. Et si les doux pâturages et les cultures, si les troupeaux (en stabulation libre ou entr'aperçus dans les granges), si les chemins, toujours couronnés d'une croix de pierre, ne sont pas suffisamment clairs, la propre ville de Melide a ouvert les portes d'un Museo da Terra *(Musée de la Terre)*, d'intérêt archéologique et historique, et séduisant hommage à la vie traditionnelle. Cette incursion dans la vie séculaire n'est

Au centre, à gauche: Château de Villamayor de Ulloa, scène du roman d'Emilia Pardo Bazán, *Les Châteaux d'Ulloa*. **Au centre, à droite:** Grenier à foin dans un hameau de Galice. **Ci-dessous:** Pambre. Château (XIVème siècle), exemple magnifique d'architecture militaire médiévale.

Vue de l'ensemble architectonique.

A PARADA DAS BESTAS

Le Chemin de Saint-Jacques-de-Compostelle a été et est encore un moteur économique pour ceux qui vivent dans sa zone d'influence. Demandez donc confirmation à Suso Santiso et María Varela, qui ont reconstitué un ensemble architectonique de grande valeur à quelques kilomètres de la voie de pèlerinage, à Palas de Rei, une municipalité de la province de Lugo: trois grands bâtiments et un quatrième plus petit, sans parler de l'hórreo *(dépôt à grain sur pilotis)*, et du joyau de la couronne: une aire à piler le grain toute en granit, l'une des dernières à exister en Galice.

Le petit bâtiment servait autrefois au grain et l'un des trois autres est consacré à l'intendance de la maison. Il en reste donc deux: la salle à manger et le bâtiment principal, qui accueille les chambres. Ce dernier est divisé à son tour en deux parties: celle de droite fut pendant des années la seule école disponible pour la jeunesse extrêmement pauvre de la zone, dont le seul avenir était synonyme d'émigration. Un certain luxe, un hydromassage, une authentique "lareira" galicienne, de la tranquillité, un menu simple mais exquis et des propriétaires discrets sont à mettre à l'actif d'A Parada das Bestas, dans le hameau de Pidre, paroisse de Chorexe. En d'autres termes, sous l'influence magique du Chemin de Saint-Jacques.

A gauche: Leboreiro. Chaussée médiévale dans les alentours de la localité.
A droite: Leboreiro. Statue de la Vierge sur le tympan roman de l'église de Santa María.

Ci-dessus, à gauche: Melide. Détail du *cruceiro* (calvaire), considéré comme le plus ancien de Galice (XIème siècle).
Ci-dessus, à droite: Melide. Portail roman de l'église de San Pedro, le seul à être conservé de l'ancien temple.
Ci-dessous: Melide. Eglise romane de Santa María, avec d'intéressantes peintures murales décorant l'intérieur de l'abside.

Vue de Ribadiso.

AUBERGE DE RIBADISO

Il y a de nombreuses auberges le long du Chemin de Saint-Jacques, et leur nombre augmente constamment. Certaines sont très humbles: elles ne disposent que du strict minimum pour une nuit de repos. D'autres, cependant, ont été construites avec un luxe de moyens mettant une touche de qualité dans l'accueil des pèlerins. Et pratiquement toutes (sans exception en Galice) sont gratuites pour ceux qui y passent la nuit: il n'y a rien à payer.

L'auberge de Ribadiso fait partie du deuxième groupe, celui qui rehausse le niveau de qualité. Elle est érigée sur la berge de la rivière Iso, sur les terres fertiles qui s'étendent entre Melide et Arzúa. Dans ce cas concret, l'architecte a mis à profit l'ancien hôpital de San Antonio, voisin d'un petit pont tout simple, à un seul arc, qui devrait être usé à force d'être pris en photo.

A l'époque, l'hôpital des pèlerins fut tenu par des religieuses de Sainte Cristina, puis par la confrérie des orfèvres de Saint Eloy. Lorsque les pèlerinages commencèrent à diminuer, le bâtiment fut utilisé comme fabrique de cire puis comme métairie, avant d'arriver à sa fonction actuelle. En tout, plus de soixante lits, des salles de bains dans un pavillon annexe et une grande propriété pour la détente. Si seulement toutes les auberges étaient ainsi!

A gauche: Boente. Calvaire et fontaine de la Saleta. **A droite:** Arzúa. L'église de la Magdalena fut un couvent augustin, fondé au XIVème siècle.

pas incompatible avec la construction religieuse: il ne faut pas quitter Melide sans avoir visité l'Eglise Paroissiale (qui accueille dans une annexe la chapelle du *Sancti Spiritus*). Sur le chemin de la sortie du village, l'église de Santa María, à la décoration intérieure singulière, est également à visiter.

L'âme pleine de bons augures, le pèlerin se sentira la force de descendre le long d'un sentier dans la forêt dense et presque magique qui annonce l'arrivée à Arzúa. Cette masse touffue de végétation autochtone forme des clairières dans lesquelles s'abritent les villages. La rivière Iso annonce un changement dans l'orographie et l'entrée dans le cœur jumeau de la tradition galicienne: Arzúa. De nos jours, rien ne laisse deviner que la mitre de Saint-Jacques-de-Compostelle ait pu s'installer dans cette localité, à part peut-être la présence d'un couvent augustin, celui de la Magdalena, dont les ruines ne laissent aucun doute à propos des splendeurs passées de la ville. Le présent est celui d'une prospérité moins spirituelle et plus proche de la terre, de la germination et de la vie, ce qui rend incontournable une visite au Museo do Mel *(musée du miel)*, une exploration à la fois alternative et traditionnelle du développement rural de la région. L'anthropologie statique n'est pas incompatible avec la vie, et une visite aux marchés traditionnels (les *feiras* du pays) le confirme: les protagonistes y sont le pain traditionnel, le miel et les célèbres fromages du pays. Avec ces vivres de base, et l'esprit revigoré par la proximité du but, le voyageur dirige ses pas le long de terrains accidentés, traversant les villages aux noms prometteurs de Calzada *(Chaussée)*, Calle *(Rue)* et finalement Rúa *(Rue)*. Si tous les chemins mènent à Rome, à ce moment de notre route ce n'est pas uniquement celui des étoiles qui mène à Saint-Jacques-de-Compostelle.

La hâte de la dernière étape nous empêchera peut-être de bien apprécier les forêts qui l'entourent. Les yeux cherchent sans doute, non pas le Crucero Bonito *(Beau Calvaire)* aujourd'hui disparu et qui à Lavacolla signalait la dernière partie du trajet, mais plutôt la tour de contrôle de l'aéroport. Tout en étant conscient de la différence esthétique et sentimentale, on peut dire que ce point de repère annonce lui aussi la descente vers la rivière Lavacolla, lieu de repos avant d'entreprendre la montée vers le dernier *montjoie*, le Monte do Gozo, qui éclipse aux yeux du marcheur fatigué le vieil ermitage de San Roque, tout proche, et même l'émetteur de télévision.

LA RIVIERE LAVACOLLA

Nous savons tous que la dernière étape du Chemin de Saint-Jacques est la plus pressée et la moins attentive aux choses du monde. Mais cette dernière étape est aussi connue pour un épisode à la fois curieux et à l'humour quelque peu coquin: le passage par la rivière Lavacolla *(littéralement: lave queue)*.

Pleine de miracles, de légendes et d'anecdotes répétés dans des centaines de langues, la tradition du pèlerinage a attribué avec insistance ce toponyme (qui de nos jours désigne également la localité et même l'aéroport) à l'habitude des voyageurs de se laver dans les eaux de la rivière. Le Manuscrit Calixtin est d'accord sur ce point, et signale même l'endroit du cours d'eau qui était consacré aux ablutions. Mais d'après la tradition populaire, les ablutions du pèlerin se référaient aux partie nobles de son anatomie. La légende, extrêmement répandue, provient certainement tant de l'habitude de purification que de la ressemblance entre les mots. Mais pour dire les choses comme elles sont, il faut ajouter que lorsque le voyageur se lavait, il le faisait pour se libérer de la saleté, au sens générique du terme.

MONXOI OU MONTE DO GOZO

Le Monte do Gozo, dernière hauteur avant d'entrer dans la ville de l'Apôtre Saint Jacques, est un véritable emblème de la pérégrination. Tout d'abord, il doit son nom au bonheur de voir ses efforts enfin couronnés de succès, ainsi qu'au souvenir des *montjoies*. Il s'agissait d'une coutume d'origine païenne adoptée par les pèlerins français: ils signalaient la route à suivre avec de petits monticules de pierres alimentés par les pèlerins successifs, qui représentaient une sécurité face aux intersections des chemins. Bien qu'ils soient connus en Galice sous le nom de *milladoiros*, c'est l'empreinte française qui a marqué ce Monte do Gozo ou Monxoi.

Mais la tradition ne s'arrête pas là: cette hauteur a connu elle aussi l'un des miracles avec lesquels le saint protège ses fidèles. Plus concrètement, il s'agit dans ce cas d'un groupe de jeunes Limousins méritants qui, épuisés par la marche, abandonnèrent sur le chemin de León l'un de leurs compagnons, immobilisé par la maladie. Comme on pouvait s'y attendre, Saint Jacques lui-même apparut sous les traits d'un pèlerin et conduisit le malade par les airs jusqu'à la cime du Monxoi, ce qui lui permit de gagner la gloire.

Actuellement, les pouvoirs terrestres prennent soin de la santé physique du voyageur, qui dispose non seulement des auberges de pèlerins, mais également des hôtels et des établissements de restauration de grande qualité.

L'ARRIVEE A SAINT-JACQUES-DE-COMPOSTELLE

Ces dernières années, Saint-Jacques-de-Compostelle n'a cessé de se développer. Au point de pousser le pèlerin à douter de la véracité des descriptions d'autres voyageurs qui, comme lui, passèrent devant l'église de San Lázaro et se laissèrent envahir par l'émotion provoquée par la ville, tranquille et coquette. Cette croissance extraordinaire de la ville a jalonné de quartiers et de bâtiments un chemin qui était, il y a peu encore, totalement dégagé. Le pèlerin ne ressentira donc l'étrange sensation *d'être enfin chez soi* que lorsqu'il débouchera sur l'étroite et pittoresque rúa de San Pedro, avec au bout la Puerta del Camino *(Porte du Chemin).* C'est par cette porte, l'une des sept portes de la muraille qui entourait alors la ville, qu'entraient les pèlerins arrivant par le Chemin Français. Le chemin menant à l'Apôtre Saint Jacques continue à travers la rue des Casas Reales, puis dépasse la Chapelle de las Animas qui, derrière sa façade néo-classique du XVIIIème siècle, conserve des reliefs réalisés par le sculpteur Prado e Mariño, auquel on attribue l'invention d'un ciment dont il ne révéla jamais le secret de fabrication. Très vite, le pèlerin arrive sur la magnifique Place de Cervantes, également appelée del Campo, où de belles maisons bordées d'arcades furent construites à la fin du siècle dernier sur l'ancien palais gothique des Comtes d'Altamira. Pratiquement sans s'en rendre compte, le voyageur est arrivé dans la rúa de Azabachería *(rue des magasins de jais),* territoire jadis des artisans travaillant les pierres de jais, dont la présence est attestée au XIVème siècle.

Calvaire de Bonaval.

Rúa de San Pedro, avec au fond les flèches de la Cathédrale.

La taille du jais est une tradition qui perdure à Saint-Jacques-de-Compostelle et le nom de la rue reflète encore fidèlement la réalité. Il est vrai cependant que les superbes bijoux conçus dans ce matériau cohabitent dans cette même rue avec toute une série d'articles au succès aussi ravageur que leur mauvais goût. La rue est également le siège de la Casa de la Troya, célèbre à Saint-Jacques-de-Compostelle pour avoir donné son nom à un roman régionaliste de Pérez

Chapelle de las Animas. Détail de la façade.

Lugín. Puis la Azabachería débouche sur la Place de la Inmaculada. A droite, le pèlerin contemplera le Monastère de San Martín Pinario, un très ancien monastère bénédictin dont la facture actuelle date cependant du XVIIème siècle. Au fond, s'ouvre le tunnel du Palais de Gelmirez qui donne sur la Place del Obradoiro. A gauche, enfin, la façade d'Azabachería. Cette fois il n'y a aucun doute, le pèlerin est arrivé devant les portes de la Cathédrale et aux pieds du Saint pour lequel il a sacrifié ses propres pieds au cours de tant de dures étapes.

Porte du Pardon ou Porte Sainte, Place de la Quintana.

LA CATHEDRALE

Le pèlerin n'aura probablement ni l'envie ni l'énergie d'entendre une description architectonique de la cathédrale. Nous ne le ferons pas, mais nous mentionnerons tout de même les origines de la basilique romane primitive, à l'époque de l'évêque Diego Peláez (XIème siècle). A la place, nous préciserons que la visite de la cathédrale exige un effort préalable d'orientation. Extérieurement, la cathédrale a quatre places: La Inmaculada ou Azabachería, Platerías, Quintana et Obradoiro. Le plan du temple est en croix latine: les deux premières places donnent donc sur les bras du transept et constituent les façades Nord, la première, et Sud, la deuxième. Celle de l'Obradoiro se trouve à la base de l'église (c'est là que se cache le Porche de la Gloire) tandis que la Quintana (qui donne sur la Porte du Pardon) se trouve à l'Est, vers le chevet. Ces indications simples et la constatation évidente de l'existence de trois nefs dans le corps de l'église sont plus que suffisantes pour commencer votre visite. Entrons ensemble.

Le pèlerin entre par la Porte d'Azabachería. A gauche, il trouvera la chapelle romane de la Corticela qui ne fit partie de la cathédrale qu'au XIIIème siècle, lorsque la ruelle qui les séparait fut fermée. Son tympan contient l'Adoration des Mages, mais deux d'entre eux et leurs montures -des chevaux dans ce cas- semblent être en retard et ont été sculptés sur la partie supérieure des chapiteaux de gauche. Après la chapelle du Santo Espíritu et de la Concepción, le pèlerin entre dans la carole. Il y verra les chapelles de San Bartolomé (en face, se trouve l'accès à la crypte qui contient les restes de Saint Jacques), San Juan, Nuestra Señora la Blanca et El Salvador, appelée également chapelle *del Rey de Francia (du Roi de France).* Cette chapelle était la préférée des pèlerins français: ils y disposaient de confesseurs qui parlaient leur langue et c'est là qu'ils recevaient *l'authentique*. Juste après, se trouve la *Porte Sainte*, que l'on ouvre la veille du Nouvel An des années saintes, et à côté, la chapelle de San Pedro. Les chapelles de Mondragón et du Pilar, où se trouve l'escalier qui conduit à la statue de l'Apôtre Saint Jacques, complètent la carole. Le pèlerin est arrivé devant la

Deux des rituels du pèlerin à son arrivée; en bas, l'étreinte à l'Apôtre Saint Jacques, "la apretá".

Ci-dessus: *L'Apôtre Saint Jacques dans sa Niche.* Double page suivante: *Porche de la Gloire.*

Puerta de Platerías et se trouve donc dans le bras du transept opposé à celui par lequel il est entré. Il doit maintenant parcourir l'une des trois nefs pour atteindre l'impressionnant Porche de la Gloire, considéré avec raison comme l'un des chefs-d'œuvre de la sculpture romane. Sculpté par le Maître Mateo dans le dernier tiers du XIIème siècle, il constitue une symphonie de pierre harmonisée par la figure du Christ en Majesté avec, à ses pieds, sur le meneau probablement le plus connu au monde, une sculpture assise de l'Apôtre Saint Jacques. Dessous, à la base de la colonne qui représente la généalogie du Christ, le pèlerin plongera ses doigts dans les empreintes creusées dans le marbre par les pèlerins d'autres temps et d'autres mondes. Et après avoir respecté le rite et frappé de la tête le *santo dos croques* -la statue agenouillée du Maître Mateo lui-même- afin de recevoir un peu de sa science et de son esprit, le pèlerin pourra enfin sortir sur la Place de l'Obradoiro pour contempler la façade baroque de la cathédrale et s'émerveiller qu'un même lieu puisse rassembler tant de constructions si différentes.

UNE PROMENADE DANS LA VILLE

Dans cette ville, vous êtes pratiquement assuré d'avoir de la pluie. Ce n'est pas pour rien que l'on affirme, non sans ironie, que *la pluie à Saint-Jacques-de-Compostelle est un art*. C'est peut-être la pluie qui fait la magie de la place de l'Obradoiro, où s'unissent, outre la Cathédrale -avec ses tours et son magnifique perron-, le Palais de Gelmírez (XIIème siècle), l'Hôpital des Rois Catholiques (XVIème siècle), le Palais de Raxoi (XVIIIème siècle) -siège de la présidence de la Xunta de Galice *(le gouvernement de la Communauté Autonome)*- et le Collège de San Jerónimo -actuel Rectorat de l'Université- dont la façade romane fut transférée ici depuis l'ancien hôpital de pèlerins. Mais même s'il pleut, il ne faut pas renoncer à marcher dans les *ruas* et *rueliñas* de Saint-Jacques-de-Compostelle. Le voyageur se rendra vite compte que la rúa del Franco, lieu traditionnel pour les établissements de change et les commerçants divers, conserve son caractère et offre un bon vin Ribeiro. Elle conduit, à travers la rúa da Raiña, à la Place de Platerías, et quelques escaliers plus loin, à la Quintana. Il y a Quintana dos Mortos *(des Morts)* et aussi dos Vivos *(des Vivants),* toutes deux bordées des murs impénétrables du monastère de San Paio Antealtares et séparées par la célèbre Casa de la Parra. La rúa del Villar dissimule la Casa del Deán et les librairies traditionnelles, avant de déboucher sur la Place do Toural, avec le Palais de Bendaña. Prenez maintenant la rúa Nova pour aller à la rencontre de l'église de Santa María Salomé (façade du XIIème siècle), qui servit de refuge ni plus ni moins qu'à la reine Urraca et à l'évêque de Saint-Jacques-de-Compostelle Diego Gelmírez. Traversez la rúa de la Caldererίa, vous arrivez sur la Plaza de la Universidad *(Place de l'Université),* avec le bâtiment de l'Université (XVIIIème siècle) et l'église de la Compañía (XVIIème siècle). Vous atteignez la Puerta de Mazarelos, seule porte issue de la muraille ancienne, qui conduit à des édifices tels que le couvent de las Madres Mercedarias ou le collège de La Enseñanza. N'oubliez surtout pas de vous rendre à l'église de San Fiz de Solovio: en dépit des rénovations dont il

Intérieur de la Collégiale de Santa María do Sar.

Cour intérieure du Collège de Fonseca.

Image quotidienne de la Place d'Abastos.

Intérieur de l'église du Monastère de San Martín Pinario.

est recouvert, c'est le plus ancien temple de Saint-Jacques-de-Compostelle. Visitez également le monastère de San Martín Pinario et les couvents de San Francisco, San Agustín, Santa Clara, San Benito ou Santo Domingo de Bonaval où se trouve le Museo do Pobo Galego *(Musée du Peuple de Galice)* et un célèbre escalier en colimaçon.

Le voyageur aura peut-être une impression différente - due à une énumération loin d'être exhaustive ni très développée -, mais il n'est pas sorti du centre ville. Pourtant, vous l'imaginez bien, c'est fortement conseillé. Car personne ne peut quitter Saint-Jacques-de-Compostelle sans avoir contemplé la beauté de la Collégiale de Santa María do Sar (XIIème siècle), dont le bâtiment roman a survécu, non sans mal, à tant de siècles de pèlerinages et à tant de pèlerins.

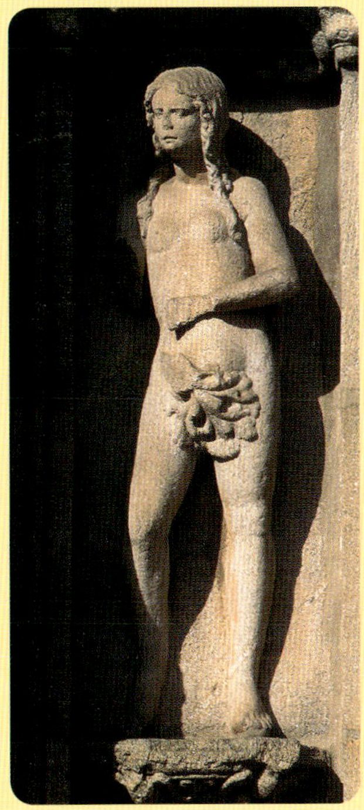

Adam et Eve sur la façade de l'hôtel des Rois Catholiques.

Chemins alternatifs

L'histoire s'est entêtée à faire du *Chemin Français* le seul chemin authentique, mais il n'en est pas moins vrai que la route qui mène à Saint-Jacques-de-Compostelle se divise en autant d'itinéraires que de points de départ. Et au cours du temps, les routes elles-mêmes se sont d'ailleurs chargées d'établir des détours, de relier des variantes et d'unir des passages, démontrant être aussi vivantes que ceux qui les ont tracées.

Lorsque le *Conseil de l'Europe* a établi les concepts d'**Itinéraires Culturels Européens**, il a valorisé la signification spirituelle, historique et culturelle des Chemins de Saint-Jacques-de-Compostelle, considérant qu'ils formaient entre tous - voies secondaires, alternatives et maritimes - un espace culturel et de vie en commun.

A gauche: La Galice accueillit le corps de l'Apôtre Saint Jacques dans un paysage éternel et évocateur.
Ci-dessus: Le Sauveur, à la cathédrale d'Oviedo, objet de la visite de milliers de pèlerins depuis le Moyen Age.

A Saint-Jacques-de-Compostelle par San Salvador de Oviedo

Les multiples donations qu'Alphonse VI fera à la Cathédrale d'Oviedo et leur diffusion dans des témoignages écrits, au cours des XIème et XIIème siècles, assimileront les "pèlerinages à Saint Jacques et au Salvador" au point d'en arriver à dire: *Qui va à Saint Jacques et non à San Salvador, sert le jacques et abandonne le seigneur.* L'itinéraire suivra deux variantes utilisées indifféremment: en faisant un détour jusqu'à Oviedo à partir du Chemin Français ou bien en revenant de Saint-Jacques-de-Compostelle par le Chemin Franciscain.

A gauche: L'église préromane de San Miguel de Liño (ou Lillo). **A droite:** Collégiale de Santa María de Arbas.

Une fois l'Hôtel San Marcos dépassé, on quitte León par le pont sur la Bernesga et on abandonne le Chemin Français pour prendre la direction du Nord.

Carbajal de la Legua: Il y avait là un monastère de religieuses qui demandaient l'aumône pour les pèlerins.

La Pola de Gordón: Le Sanctuaire del Buen Suceso est un bel exemple de transition du baroque au néo-classique (XVIIIème siècle). La Vierge vénérée à l'intérieur est la patronne de toute la région de Gordón.

Arbas del Puerto: La Collégiale de Santa María, magnifique temple de style cistercien (XIIème-XIIIème siecles), est le plus beau vestige des nombreux hôpitaux pour pèlerins qui, depuis le XIIème siècle, adoucissaient les rigueurs de cette route.

Campomanes: Bel exemple d'art préroman asturien dans l'ermitage de Santa Cristina de Lena.

Oviedo: La Cathédrale et sa célèbre Chambre Sainte étaient le premier endroit où se rendaient les pèlerins qui découvraient la ville depuis la *Majoya* -le Monte do Gozo d'Oviedo. Les environs d'Oviedo présentent les plus beaux exemples d'un art singulier favorisé par les monarques asturiens et déclaré de nos jours Patrimoine de l'Humanité: San Julián de los Prados, San Miguel de Liño (Lillo) et Santa María del Naranco.

Chemin de la Voie de l'Argent

Le rayonnement de l'Apôtre Saint Jacques depuis Compostelle n'atteignit pas seulement les peuples qui traversaient les Pyrénées et créaient ainsi le Chemin Français. Ce foyer culturel et spirituel subjugua également les habitants du pourtour de la Méditerranée. Décidés à partir à la recherche du saint sépulcre, les pèlerins utilisèrent une voie établie par les soldats de Rome à l'époque impériale. C'est ainsi que la large chaussée empierrée qui reliait Mérida à Astorga, baptisée par les Arabes du nom de Bal-lat-tá ou Voie de l'Argent, résonna des pas des pèlerins. Une ramification fut rajoutée au tracé originel afin d'atteindre la turbulente ville de Séville, point de départ du Chemin de la Voie de l'Argent, tandis qu'à Zamora une nouvelle déviation permettait de se rendre directement en Galice.

A gauche: Mérida. Théâtre romain. **A droite:** Vieille ville de Cáceres.

Séville: La fabuleuse Hispalis a été depuis toujours un foyer de richesse et de culture qui a connu Phéniciens, Grecs, Romains, Juifs et, bien entendu, Musulmans. Durant ses cinq siècles d'appartenance à l'empire de la demie lune, Séville s'est créé un éblouissant patrimoine artistique qui émerveille encore le visiteur. Une fois entre les mains chrétiennes, enrichie par l'or arrivant des Amériques, ses monuments musulmans sont transformés et adaptés aux traditions catholiques. Et comme symbole de la ville, la Giralda *(girouette)*, un minaret arabe du XIIème siècle couronné au XVIème par cette curieuse girouette qui donne son nom au bâtiment.

Zafra: Cette localité d'Estrémadure est connue pour son importante foire aux bestiaux. Dotée d'un remarquable ensemble artistique, et plus particulièrement l'Alcazar et son Donjon, ainsi que sa cour pavée de marbre blanc. Couvent de Santa Clara (XVIème siècle). Eglise de la Candelaria, avec des retables de Zurbarán et Churriguera.

Mérida: L'ancienne *Augusta Emerita*, fondée en 25 av. JC, conserve dans ses monuments tout l'esprit de l'époque de la colonisation romaine. On peut encore y voir le vieux théâtre, l'amphithéâtre et le cirque. Le Pont du Guadiana, avec 60 arcs et 792 mètres de long, est le plus long jamais réalisé par l'empire romain.

Cáceres: Patrimoine de l'Humanité, tout comme Salamanque et Saint-Jacques-de-Compostelle, c'est une des villes monumentales les plus belles d'Espagne. Cela fait longtemps qu'elle a dépassé les anciennes murailles, mais son centre s'articule toujours autour de la Place Mayor, appelée aussi du *Bujaco*, avec la Concathédrale, l'église de Santa María, l'Arco de la Estrella, le Palais de Godoy...

Plasencia: Importante ville de pèlerins, la Cathédrale de Santa María y abrite deux différents temples. L'ancien, réalisé entre le XIIIème et le XIVème siècle, et la nouvelle cathédrale, commencée en 1498.

Salamanque: Le pèlerin s'aventure sur le plateau des terres de León et de Castille, pour atteindre celle qui fut très justement appelée "Ville sage". Outre la multitude de joyaux architectoniques dont elle est parée, et plus particulièrement la Cathédrale et le baroque impressionnant de la Place Mayor, la relation entre Salamanque et le Chemin se manifeste dans la Casa de las Conchas *(Maisons des Coquilles)*, décorée de curieux vestiges de pèlerinages.

Zamora: La ville "qui ne fut pas prise en une heure", baignée par le fleuve Duero, incarne l'art roman avec sa Cathédrale, caractérisée par une magnifique coupole byzantine. Une fois arrivés sur ces terres, les pèlerins avaient deux possibilités: continuer jusqu'à Astorga et récupérer le Chemin Français, ou bien éviter les montagnes de la région de León en coupant par la région de Sanabria.

Puebla de Sanabria: Cette porte de la Galice, dotée de l'église de rigueur et d'un château vigilant, est parsemée des souvenirs et des légendes des pèlerinages à Saint-Jacques-de-Compostelle.

Benavente: Enclave romaine, endroit où la Voie de l'Argent bifurquait vers Astorga et Saragosse. Son château, aujourd'hui Parador de Tourisme, en est le monument le plus représentatif. Eglise de Santa María del Azogue (XIIème-XVIème siècles). Eglise de San Juan, peut-être liée aux Templiers. Hôpital de la Piedad, ancien centre pour pèlerins (XVIème siècle).

Ci-dessus: Plasencia. Vue nocturne de l'aqueduc.
Ci-dessous, à gauche: Vue panoramique de Salamanque.
Ci-dessous, à droite: Zamora. La Cathédrale sur les berges de la rivière Duero.

Verín: Premier arrêt significatif de la route galicienne. L'Eglise de la Merced conserve un magnifique crucifix de Gregorio Fernández. Eglise de Santa María la Mayor.

Ourense: Le pèlerin ressent un frisson d'émotion lorsqu'il découvre le Porche du Paradis, dans la cathédrale d'Ourense. C'est une copie de l'œuvre réalisée par le maître Mateo, dont il verra l'original dans quelques jours dans la Basilique de Saint-Jacques-de-Compostelle. Car, après avoir vécu tant de sentiers et tant de sensations, il est tout près de lancer le cri triomphal: Ultreya!

Ci-dessus, à gauche: Saint Jacques sur l'église de Santa Marta de Tera. **Ci-contre:** Portail du Paradis. Cathédrale d'Ourense. **Ci-dessous, à gauche:** Vue générale de Puebla de Sanabria. **Ci-dessous, à droite:** Verín, avec le château de Monterrei.

Chemin Primitif

Informé de l'apparition du corps de l'Apôtre Saint Jacques, le roi Alphonse II le Chaste ordonna la construction d'une église de pierre et d'argile sur le lieu même de la découverte du corps. La Galice était alors unie politiquement au royaume des Asturies, il semble donc naturel que les premiers pèlerins soient partis d'Oviedo et se soient rendus à Saint-Jacques-de-Compostelle en passant par Lugo, pour aller se prosterner devant la tombe sacrée. Ce trajet est celui que l'on appelle le Chemin Primitif.

Lugo. Détail des murailles.

Oviedo: La capitale asturienne possède plusieurs exemples d'art préroman. San Miguel de Lillo (IXème siècle) et Santa María del Naranco (IXème siècle). Mais le bâtiment religieux le plus visité, aujourd'hui comme hier, c'est la Cathédrale. Sa Chambre Sainte montrait aux pèlerins de l'antiquité la collection de reliques apportées de Tolède.

Grado: Le pèlerin sortait d'Oviedo par la porte de Santiago et marchait jusqu'à Grado, une localité née du Chemin. Musée Ethnographique. Palais de Miranda (XVIIème siècle). Chapelle de los Dolores (1716).

Cornellana: La vallée de la Narcea mène au Monastère de San Salvador de Cornellana, seul monastère clunisien des Asturies. La porte du couvent, du XIème siècle, est le vestige le plus ancien qui soit conservé de la construction originale.

Salas: Collégiale de Santa María la Mayor, érigée au XVIème siècle et détentrice d'un beau retable Renaissance. Palais des Comtes de Casares (XVIIIème siècle).

Tineo: Après avoir franchi le Col de la Espina, on arrive à cet ancien et très important nœud de communications. Eglise de San Pedro (XIIIème siècle). Maison de Maldonado.

Pola de Allande: Eglise paroissiale de San Andrés (XVIème siècle). Palais de Cienfuegos.

Grandas de Salime: Musée Ethnographique. Eglise de San Salvador (XIVème-XVIIIème siècles).

Fonsagrada: Son nom, *fons sacrata*, provient d'une tradition suivant laquelle l'Apôtre Saint Jacques aurait transformé une source d'eau en une autre de lait pour remercier une pauvre veuve de ses attentions. Musée de Fonsagrada.

Lugo: Cet ancien territoire recouvert de forêts, *Lucus* en latin, marque la fin du Chemin Primitif, qui rejoint désormais la route traditionnelle française. Les Murailles romaines du IIIème siècle sont remarquables. Cathédrale de Santa María. Eglise de San Francisco. Eaux thermales de Lugo.

Ci-dessus:
Chambre Sainte de la Cathédrale d'Oviedo.

A gauche:
Pola de Allande. Vue avec le Palais de Cienfuegos.

A droite:
Fontaine à Fonsagrada.

Ci-dessous, à gauche:
Tineo. Ermitage de San Roque.

Ci-dessous, à droite: Cornellada. Monastère de San Salvador.

CHEMIN DU NORD

Au cours des années suivant l'apparition du corps de Saint Jacques, les pèlerins en provenance des Asturies se réunissaient à Ribadeo et traversaient en diagonale la province de Lugo, pour rejoindre la route principale à Melide ou Arzúa. C'était le Chemin du Nord.

En haut: Ribadeo. Tour dos Moreno.
En bas: Intérieur de la Cathédrale de Mondoñedo.

Ribadeo: La ville, appelée dans l'antiquité "Défense du Cantabrique *(golfe de Gascogne)*", fut un lieu de rassemblement important pour l'histoire du Chemin de Saint-Jacques-de-Compostelle. On raconte qu'un disciple de Saint François fonda au XIVème siècle le Couvent de Santa María del Campo. Couvent de Santa Clara (XVIIIème siècle). La Mairie occupe le vieux palais du marquis de Sargadelos.

Vilanova de Lourenzá: Fondée à l'ombre d'un monastère bénédictin en 969, elle est la grande capitale de la zone. Monastère du Salvador (XVIIIème siècle).

Mondoñedo: La ville natale d'Alvaro Cunqueiro, l'une des personnalité galiciennes les plus illustres, est classée Ensemble Historico-Artistique. La Cathédrale fut construite entre les XIIIème et XVIIIème siècles. A remarquer, le cloître ogival, le retable majeur du XVIIIème siècle et les orgues baroques. Musée de la Cathédrale et du Diocèse. Jadis, les pèlerins se rafraîchissaient et soulageaient leur soif à la Fonte Vella, du XVIIIème siècle. Séminaire de Santa Catalina, du XVIIème siècle. Sanctuaire de la Vierge de los Remedios.

Abadín: Eglise de Santa María de Abadín, de style roman et datée du XIIème siècle. La ville est également connue pour les chevaux vivant en liberté sur les terres alentours.

Vilalba: La capitale de la Terra Chá *(Terre Plate)* de la région de Lugo, stratégique croisée des chemins, fut fondée par les Romains. Elle est liée depuis des temps immémoriaux à la famille Andrade. Le Donjon de son château-forteresse est actuellement un Parador de Tourisme. Musée de la Préhistoire et de l'Archéologie. Eglise de Santa María.

Baamonde: Maison-Musée de Víctor Corral. Eglise de Santiago (XIIIème siècle).

Guitiriz: Ville aux stations thermales fameuses.

Curtis: Santa María de Mezonzo (XIIème siècle).

Sobrado dos Monxes: Le Monastère de Sobrado dos Monxes est l'un des plus populaires et des plus visités de Galice. Fondé vers 952, il avait la particularité d'accueillir des familles entières dans ses murs. En 1498, devenu monastère masculin, il s'unit à la réforme organisée par les Rois Catholiques. Il vivra alors une époque de grande splendeur, confirmée par la somptueuse façade baroque, le Cloître processionnel du XVIIIème siècle, la Salle Capitulaire et la Sacristie, une œuvre Renaissance du XVIème siècle. A titre de curiosité, il conserve sa Cuisine médiévale, datée du lointain XIIIème siècle.

A partir de Sobrado, à travers des terres riches en pâturages et en bétail, le pèlerin rejoignait le Chemin Français, à Melide ou à Arzúa.

Ci-contre: Absides de Santa María de Mezonzo.
Ci-dessous: Sobrado dos Monxes. Cloître des Peregrinos.

Chemin Portugais

La route qui mène à Saint-Jacques-de-Compostelle à travers le Portugal se divise en deux trajets distincts. Celui de l'intérieur partait de l'Algarve, tandis que le plus connu longeait le littoral atlantique. Il commençait dès le Cap Saint Vincent, mais son étape la plus importante était Lisbonne, la capitale, une ville monumentale garnie de musées et de temples remarquables, et qui s'est extraordinairement développée ces dernières années.

A gauche: Tui. Porte de la cathédrale. **A droite:** Pontevedra. Les tours de la Peregrina au fond.
En bas: Vue de Caldas de Reis.

Puis le Chemin passait par Santarém, Coimbra et sa célèbre Université fondée en 1308, et enfin Porto, la capitale du Nord, commerciale et cosmopolite. En suivant la côte, le Chemin entrait ensuite en Galice le long des rives du Miño, un fleuve au trafic dense, partagé par les deux pays.

Tui: Elle fut l'une des sept capitales historiques de la Galice. Elle possède une Cathédrale-forteresse, des palais, plusieurs églises et un Musée Diocésain situé dans un ancien hôpital de pèlerins.

Redondela: Son Eglise paroissiale à la tour baroque datant du XIVème siècle a été érigée par l'évêque Gelmírez en 1114 et est dédiée à Saint Jacques. Le Couvent des Clarisses de Vilavella est lui aussi dédié au Saint Apôtre.

Le pèlerin dépasse Vigo, ville industrieuse, remarquable par sa Concathédrale et son parc do Castelo où se trouve le Musée Municipal, et pénètre dans une autre grande ville de Galice.

Pontevedra: Ville dont le nom dérive du latin *Pons Veteris*, Pont Vieux. Elle a pour patronne la Vierge des Pèlerins ou Divina Romera. Basilique de Santa María la Mayor, de style gothique, commencée au XVIème siècle. Couvent de San Francisco. Eglise de San Bartolomé, aux traits baroques (XIVème-XVème siècles). Musée de Pontevedra.

Caldas de Reis: Célèbre pour sa source d'eaux thermales, déjà utilisée à l'époque romaine. L'église de Santa María conserve un ancien baldaquin sur lequel est sculptée la découverte de l'Amérique.

Iria Flavia: La ville épiscopale où, au début du IXème siècle, l'évêque Teodomiro découvrit les restes de l'Apôtre Saint Jacques. Eglise de Santa María de Iria avec une façade gothique du XIVème siècle. Fondation Camilo José Cela. A 3 km, Sanctuaire da Escravitude.

En haut, à gauche: Iria Flavia. Tympan du portail, église paroissiale.
En haut, à droite: Padrón. Fontaine du Carmen, avec des motifs de l'Apôtre Saint Jacques.
Au centre: Détail des Fortifications, à Vigo.
A droite: Iria Flavia. Sanctuaire de Nuestra Señora da Escravitude.

Chemin de la Ria d'Arousa

Selon la tradition, c'est dans cette spectaculaire Ria d'Arousa, véritable "union de la mer et du fleuve", que la barque qui transportait les restes de l'Apôtre Saint Jacques depuis le lointain Orient vint s'échouer. Elle resta là, dans le fond de l'estuaire, près d'une grande pierre qui a donné son nom à la ville de Padrón. Le Chemin de la Ria d'Arousa, attesté depuis longtemps, comprend deux ramifications. La première part de la localité marinière de Ribeira, jadis objet des attaques des pirates vikings. Elle passe ensuite par Pobra do Caramiñal et par la ville préromaine de Boiro, où il est recommandé de visiter le Fort de Neixón. L'étape suivante sera Rianxo, ville natale de Castelao.

L'autre route part d'O Grove. Il y a peu, on y a découvert une monnaie d'or avec, sur le revers, la représentation la plus ancienne qui soit connue du transfert du corps de Saint Jacques. A Toxa est une île aux innombrables possibilités touristiques, fameuse pour son mélange magique de forêt et de mer.

En haut: Cambados. **A gauche:** Les tours de l'Ouest à Catoira. **A droite:** Vilagarcía de Arousa. Eglise paroissiale.

Cambados: La capitale de la vallée d'O Salnés naît de l'union de plusieurs villages de la rive Sud de la Ria d'Arousa. Sur la place de Fefiñanes, on peut voir le pazo *(manoir)* Figueroa, du XVIIème siècle, et l'église, de style néo-classique (XVIIIème siècle).

Vilagarcía de Arousa: Fondée vers le milieu du XVème siècle, dans une vallée au pied du Mont Lobeira. A remarquer dans la ville le Palais de Vista Alegre aux tours crénelées, blasons et autres décorations. Eglise paroissiale, construite au XVIIème siècle. Mais son plus beau joyau est l'église de San Martiño de Sobrán, de style roman et datée du XIIème siècle.

Catoira: Cette ancienne ville fortifiée, victime dans le passé des incursions des Vikings, célèbre au mois d'août une fête touristique avec une représentation de théâtre de rue faisant

A gauche: Le Pedrón. Copie de la pierre conservée dans l'église de Santiago. **A droite:** Maison-Musée de Rosalía de Castro.

revivre les scènes sanglantes de l'antiquité. Sur les traces de la barque de pierre qui amena l'Apôtre Saint Jacques, nous devons remonter la rivière Ulla, près de laquelle se trouvait le campement romain Iria Flavia, pour arriver à la dernière étape de la route d'Arousa. Tours de l'Ouest et ermitage.

Padrón: Fin du Chemin, juste à l'endroit où commence la légende de l'Apôtre Saint Jacques en Espagne. Eglise de Santiago, qui conserve le *pedrón*, ou pierre, lié à la découverte miraculeuse. Maison-musée de Rosalía de Castro. Couvent du Carmen, de style baroque.

CHEMIN ANGLAIS

A partir du Xème siècle, des documents attestent l'arrivée de pèlerins en provenance des Iles Britanniques. Quelques-uns, les moins nombreux, effectuèrent le voyage par l'intérieur des terres, mais la plupart des pèlerins arrivèrent en Galice par la mer. Les deux ports qui accueillaient ces pèlerins téméraires étaient Ferrol et A Coruña.

Après Ferrol, ville à l'atmosphère portuaire et à la gastronomie réputée, le pèlerin passait par Narón, au vénérable Monastère clunisien, Neda et Pontedeume, qui eut jusqu'à sept portes, sept églises et sept hôpitaux.

Betanzos: Dans le *Brigantium Flavium* des Romains, se trouve le monastère de San Francisco, avec la superbe tombe de Fernán Pérez de Andrade. Eglise de Santiago, qui conserve une statue de l'Apôtre Saint Jacques accompagné d'une fillette. Eglise de Santa María del Azogue. (XIVème siècle).

A Coruña: C'était l'autre destination des pèlerins britanniques, qui y arrivaient guidés par son emblématique Tour d'Hercules. C'est une ville moderne et rénovée, mais qui conserve des églises de tous les styles et toutes les époques. Egli-

A gauche: Tour d'Hercules à La Corogne *(A Coruña)*.

se de San Agustín et Eglise de San Nicolás, de style baroque. Eglise de Santiago, aux lignes romanes. Hôtel de Ville. Musée de l'Homme "DOMUS". Maison des Sciences.

Les deux ramifications du Chemin anglais en provenance de Ferrol et d'A Coruña se réunissaient dans la ville de Carral. Et de là, au milieu de verts paysages bucoliques, vers Saint-Jacques-de-Compostelle.

A droite: Betanzos. Saint Jacques matamore sur le tympan de son église.

CHEMIN DU FINISTERRE

L'une des routes traditionnelles suivies par les pèlerins pour se rendre devant le sépulcre du patron de l'Espagne part du cap Finisterre, ou *Fisterra*. Lieu de très grande dévotion, il accueillit jadis le Monastère de San Guillermo où, d'après les vieilles chroniques, un lit de pierre sacré guérissait les mariages stériles.

Muxía: Sanctuaire de Nuestra Señora da Barca, construit au XVIIIème siècle. En face, sont conservées de très vieilles pierres légendaires, auxquelles on attribue des pouvoirs curatifs.

Corcubión: On peut y voir le Christ de Finisterre, statue gothique du XIVème siècle. De vieilles chansons lui attribuent des qualités humaines telles que la pousse de ses cheveux.

Muros: Localité marinière très unie au pèlerinage de Saint Jacques qui possède une multitude de témoignages liés au Chemin. Sanctuaire de Nosa Señora do Camiño.

Noia: Appelée aussi "la petite Compostelle" *(en référence à Saint-Jacques-de-Compostelle),* elle se trouve de l'autre côté de la ria abritant Muros. A remarquer: son Cimetière qui possède, outre des tombes anciennes, des dalles du Xème au XVIIème siècle. C'est d'ici qu'en juin 1140, un groupe important de croisés allemands, français et anglais partirent afin de se prosterner devant le sépulcre de Saint Jacques et le remercier de les avoir sauvés de la noyade.

A gauche: Noia. Porte de l'église de San Martín.
A droite: Muxía. Pèlerinage de Nuestra Señora da Barca.

Cartographie

ITINERAIRES DES CHEMINS DE SAINT-JACQUES-DE-COMPOSTELLE EN EUROPE

Outre les grandes voies maritimes, très utilisées par les Anglais, les Ecossais, les Gallois, les Irlandais, les Flamands, les Scandinaves et les hanséatiques, les *Itinera Sancti Jacobi* sont articulés en Europe autour d'une douzaine de grandes voies, énumérées ci-après:

La **NIEDERSTRASSE** conduisait jusqu'à Paris les pèlerins hanséatiques et scandinaves.

La **VOIE TOURANGELLE** regroupait à Tours, Poitiers et Bordeaux les voies mineures de la Normandie, la Bretagne, l'Anjou et le Poitou, ainsi que les débarquements sur la côte française.

La **VOIE LIMOUSINE** réunissait, de Vézelay à Limoges, les chemins baltiques, tchèques et allemands.

L'**OBERSTRASSE** était une route bien définie de Costanza à Arles, par Génève et Valence.

La **VOIE PONOTE** fut la grande route de l'art roman. Elle regroupait au Puy les pèlerins de Cluny, Dijon, Clermont, Lyon, etc. A Ostabat, elle s'unissait à la Voie Tourangelle et à la Voie Limousine pour former la ramification navarraise du Chemin Français.

La **VOIE TOULOUSAINE**, d'Arles à Toulouse à travers le Languedoc, entrait en Espagne à Somport, constituant la ramification aragonaise du Chemin Français.

La **VOIE DE L'ARGENT** utilisait un très ancien chemin ibère, devenu par la suite chaussée romaine, et rassemblait les pèlerins débarqués sur les côtes andalouses.

Le **CHEMIN PORTUGAIS** avait **deux variantes très nettes:** l'une allait de l'Algarve à Ourense par l'intérieur du pays, et l'autre allait de Lisbonne à Saint-Jacques-de-Compostelle le long de la côte portugaise.

Le **CHEMIN DU NORD** longeait la côte du Golfe de Gascogne depuis Irún jusqu'à Ribadeo; c'est l'une des voies les plus anciennes empruntées par les pèlerins européens.

Le **CHEMIN VALENCIEN** conduisait les pèlerins depuis les ports du Levant jusqu'au Chemin Français à León, en passant par Madrid et Valladolid.

Le **CHEMIN FRANÇAIS** s'imposa comme l'itinéraire de Saint-Jacques-de-Compostelle par excellence suite à l'amélioration des voies de communication et de la sécurité publique réalisée par les moines et les ordres de chevalerie et, surtout, suite à la publicité du *Codex Calixtinus* inclus dans le *Liber Sancti Jacobi*.

LEGENDE

- Refuge de pèlerins
- Aéroport
- Aire de repos
- Château/Tour
- Site d'intérêt
- Calvaire
- Ermitage/Chapelle/Sanctuaire
- Fontaine/Source d'eaux thermales
- Monastère
- Monument d'intérêt
- Patrimoine de l'Humanité
- Pont
- Ruines
- Zone archéologique

- Chemin Français
- Chemin de la Voie de l'Argent
- Chemin Primitif
- Chemin du Nord
- Chemin Portugais
- Chemin de la Ria d'Arousa
- Chemin Anglais
- Chemin du Finisterre/Fisterra
- Chemin Valencien

CARTE DES CHEMINS DE SAINT-JACQUES-DE-COMPOSTELLE DU NORD DE L'ESPAGNE

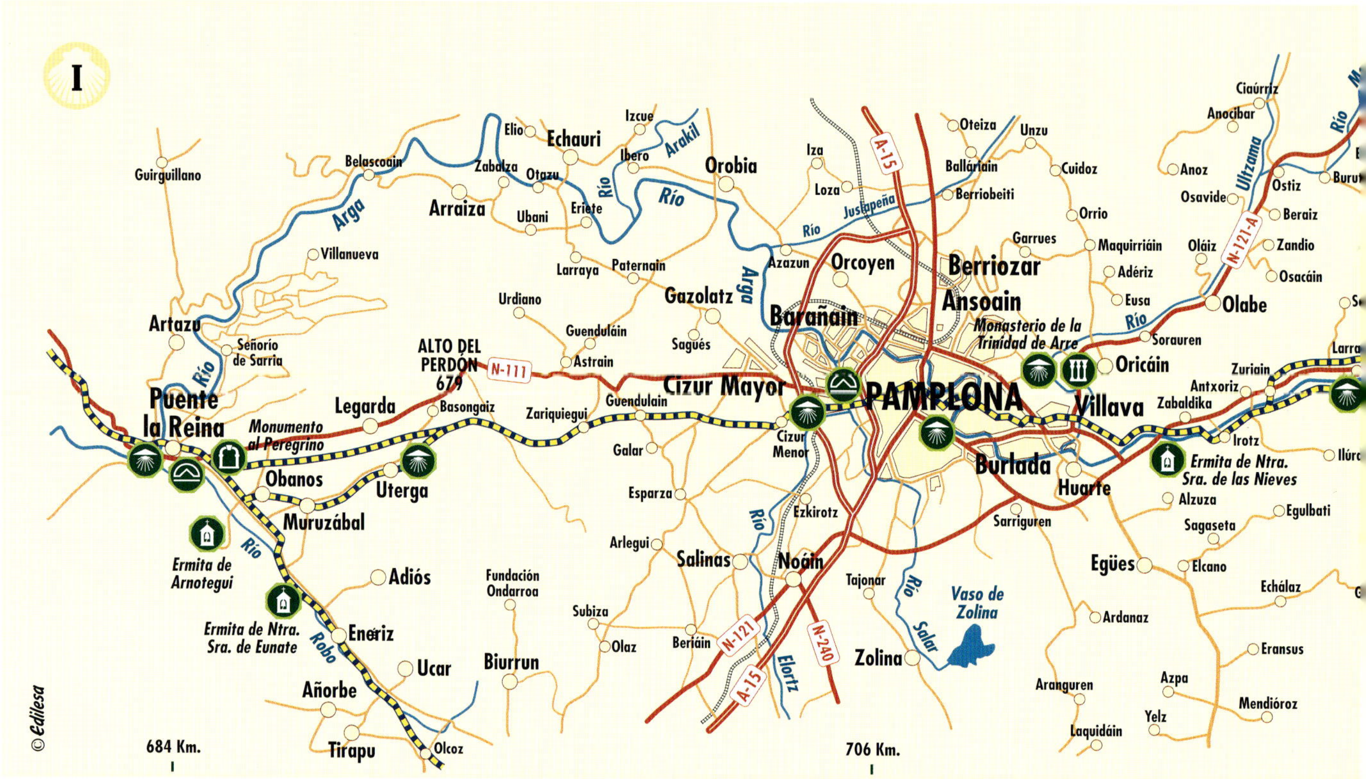
I
Guirguillano
Belascoain
Elio
Echauri
Izcue
Ibero
Arakil
Río
Zabalza
Otazu
Arraiza
Ubani
Eriete
Orobia
Iza
Loza
A-15
Juslapeña
Oteiza
Unzu
Ballariain
Cuidoz
Berriobeiti
Orrio
Ciaúrriz
Anocibar
Anoz
Osavide
Ultzama
Ostiz
Beraiz
Zandio
Osacáin
Olabe
Oláiz
N-121-A
Arga
Villanueva
Larraya
Paternain
Azazun
Orcoyen
Garrues
Maquirriáin
Adériz
Eusa
Berriozar
Ansoain
Urdiano
Gazolatz
Barañain
Monasterio de la Trinidad de Arre
Sorauren
Oricáin
Artazu
Señorío de Sarria
Guendulain
Astrain
Sagüés
ALTO DEL PERDÓN 679
N-111
Cizur Mayor
PAMPLONA
Zuriain
Antxoriz
Zabaldika
Villava
Puente la Reina
Legarda
Basongaiz
Zariquiegui
Guendulain
Monumento al Peregrino
Cizur Menor
Galar
Irotz
Ermita de Ntra. Sra. de las Nieves
Obanos
Uterga
Muruzábal
Esparza
Burlada
Huarte
Alzuza
Sagaseta
Egulbati
Ezkirotz
Sarriguren
Ermita de Arnotegui
Arlegui
Salinas
Noáin
Egües
Elcano
Adiós
Fundación Ondarroa
Tajonar
Vaso de Zolina
Echálaz
Ermita de Ntra. Sra. de Eunate
Enériz
Robo
Subiza
Olaz
Beriáin
N-121
N-240
Salar
Ardanaz
Ucar
Biurrun
Zolina
Elorz
Eransus
Añorbe
Aranguren
Azpa
Mendióroz
Yelz
Laquidáin
Tirapu
Olcoz
684 Km.
706 Km.
© Edilesa

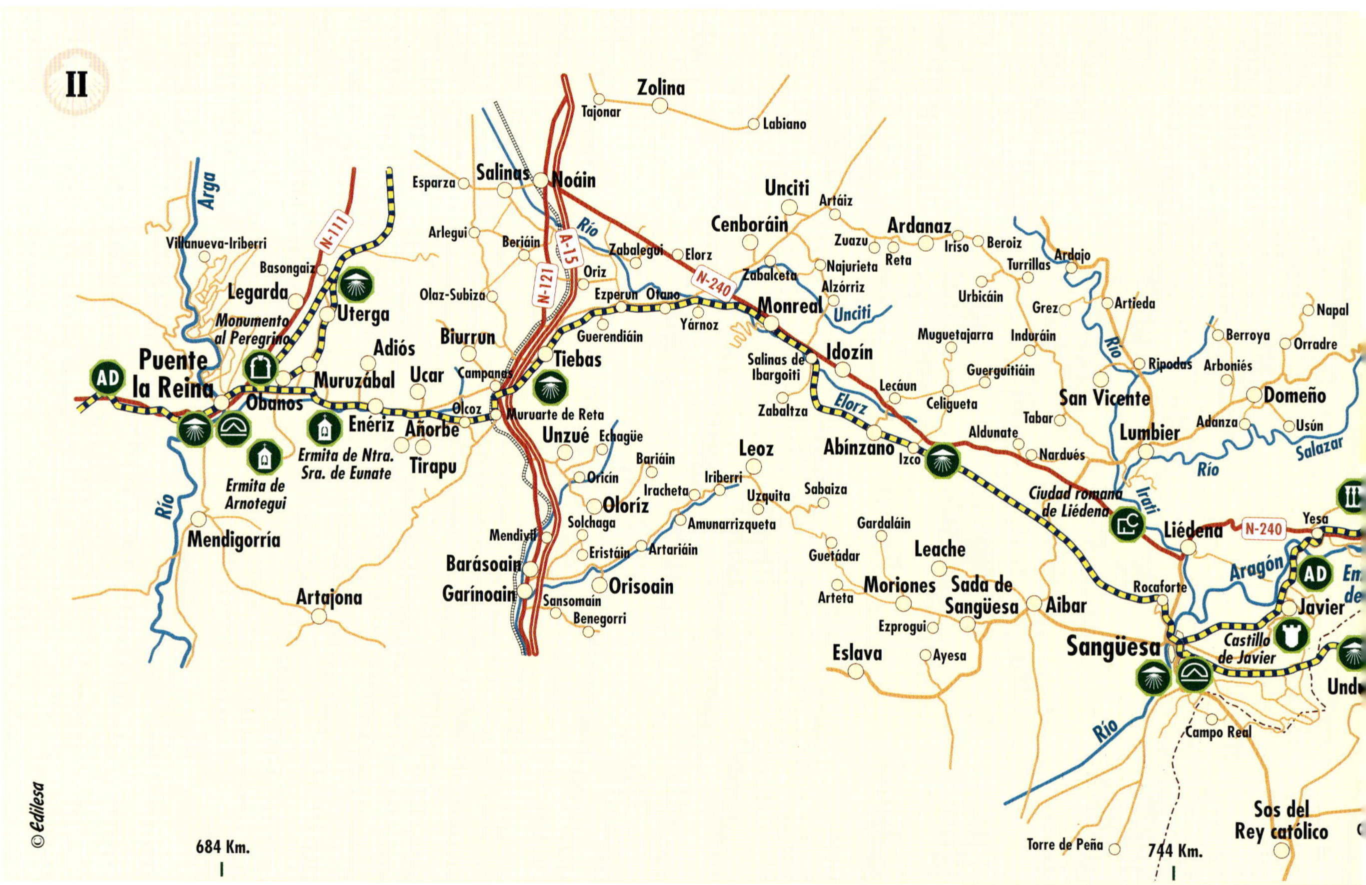
II
Zolina
Tajonar
Labiano
Esparza
Salinas
Noáin
Unciti
Artáiz
Arga
Arlegui
Beriáin
Río
Cenborain
Ardanaz
Villanueva-Iriberri
N-111
A-15
Zabalegui
Elorz
Zuazu
Iriso
Beroiz
Basongaiz
Oriz
Najurieta
Reta
Turrillas
Ardajo
Legarda
Olaz-Subiza
N-121
Ezperun
Otano
N-240
Zabalceta
Alzórriz
Urbicáin
Grez
Artieda
Napal
Monumento al Peregrino
Uterga
Monreal
Unciti
Guerendiáin
Yárnoz
Muguetajarra
Induráin
Berroya
Orradre
Puente la Reina
Adiós
Biurrun
Tiebas
Salinas de Ibargoiti
Idozín
Ripodas
Arboniés
AD
Muruzábal
Ucar
Campanas
Lecáun
Guerguitiáin
Obanos
Olcoz
Celigueta
San Vicente
Domeño
Enériz
Añorbe
Muruarte de Reta
Zabaltza
Elorz
Tabar
Adanza
Usún
Lumbier
Ermita de Ntra. Sra. de Eunate
Unzué
Echagüe
Aldunate
Tirapu
Abínzano
Izco
Nardués
Salazar
Leoz
Bariáin
Ermita de Arnotegui
Orícin
Iracheta
Iriberri
Uzquita
Sabaiza
Ciudad romana de Liédena
Irati
Oloriz
Mendigorría
Solchaga
Amunarrizqueta
Mendivil
Liédena
N-240
Yesa
Gardaláin
Aragón
Eristáin
Artariáin
Leache
Guetádar
Barásoain
Javier
Garínoain
Orisoain
Moriones
Sada de Sangüesa
Aibar
Rocaforte
Artajona
Sansomain
Arteta
Benegorri
Castillo de Javier
Ezprogui
Sangüesa
Eslava
Ayesa
Campo Real
Sos del Rey católico
Torre de Peña
684 Km.
744 Km.
© Edilesa

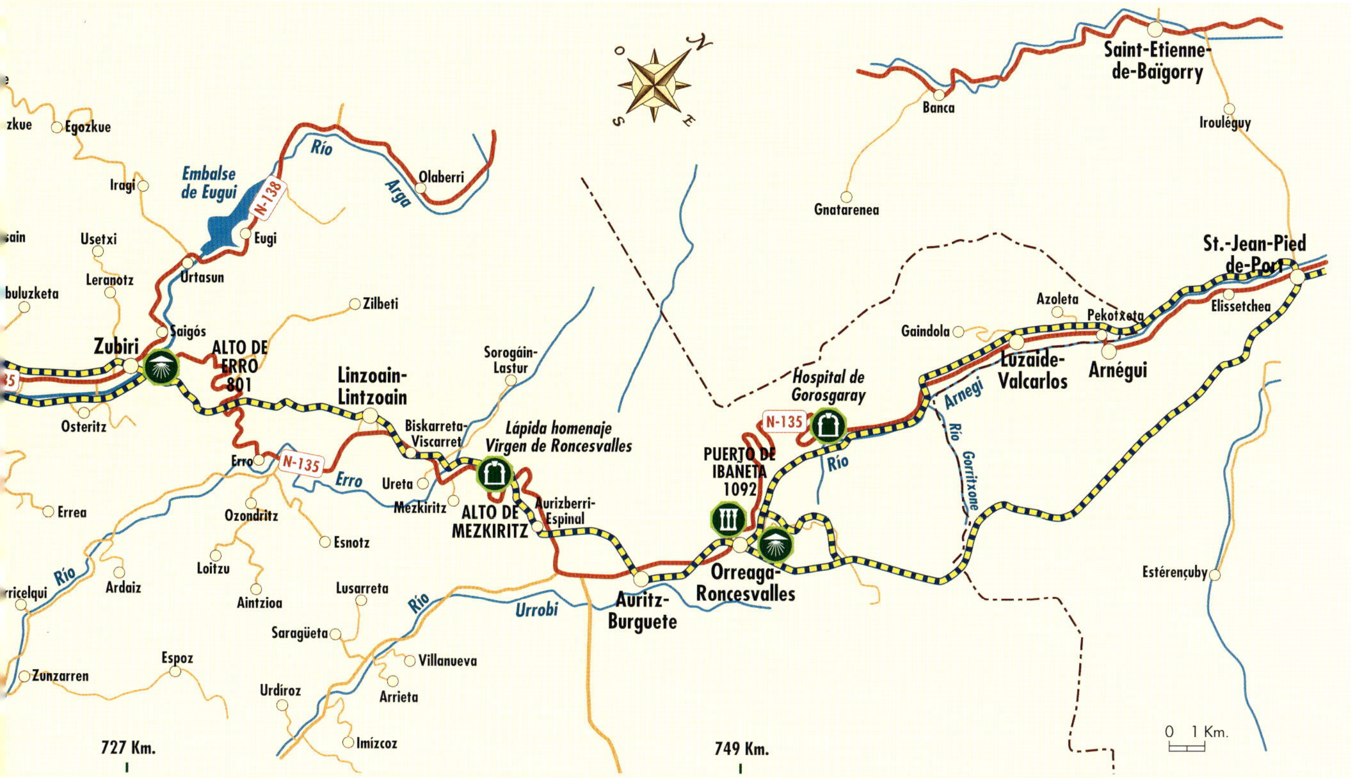

Saint-Etienne-de-Baïgorry
Banca
Irouléguy
Gnatarenea
Egozkue
Iragi
Embalse de Eugui
Río Arga
Olaberri
N-138
Eugi
Usetxi
Urtasun
Leranotz
Zilbeti
St.-Jean-Pied de-Port
Azoleta
Pekotxeta
Elissetchea
Gaindola
Luzaide-Valcarlos
Arnégui
Saigós
Zubiri
ALTO DE ERRO 801
Linzoain-Lintzoain
Sorogáin-Lastur
Hospital de Gorosgaray
N-135
Río Arnegi
Río Gorritxone
Osteritz
Biskarreta-Viscarret
Lápida homenaje Virgen de Roncesvalles
PUERTO DE IBAÑETA 1092
Erro
Erro
Ureta
Río
Errea
Ozondritz
Mezkiritz
ALTO DE MEZKIRITZ
Aurizberri-Espinal
Esnotz
Orreaga-Roncesvalles
Loitzu
Río
Ardaiz
Aintzioa
Lusarreta
Río
Urrobi
Auritz-Burguete
Estérençuby
Saragüeta
Espoz
Villanueva
Zunzarren
Urdiroz
Arrieta
Imízcoz
727 Km.
749 Km.
0 1 Km.

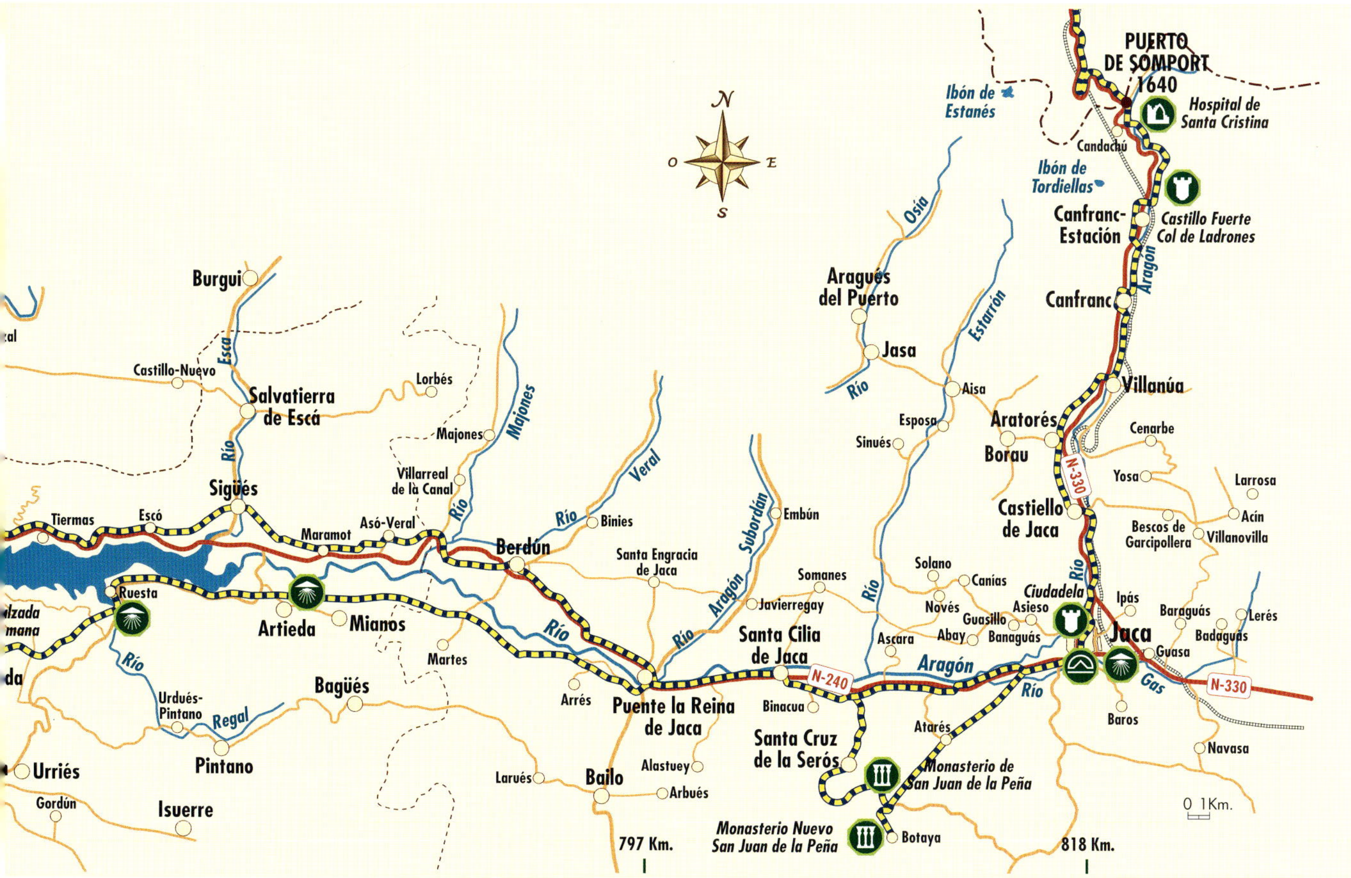

PUERTO DE SOMPORT 1640
Ibón de Estanés
Hospital de Santa Cristina
Candachú
Ibón de Tordiellas
Castillo Fuerte Col de Ladrones
Canfranc-Estación
Río Aragón
Osía
Aragüés del Puerto
Canfranc
Estarrún
Burgui
Jasa
Río
Villanúa
Aisa
Castillo-Nuevo
Esca
Salvatierra de Escá
Lorbés
Esposa
Aratorés
Cenarbe
Sinués
Borau
Majones
Majones
Río
N-330
Yosa
Larrosa
Villarreal de la Canal
Castiello de Jaca
Sigüés
Río Veral
Embún
Acín
Tiermas
Escó
Asó-Veral
Binies
Bescos de Garcipollera
Villanovilla
Maramot
Río
Berdún
Subordán
Santa Engracia de Jaca
Solano
Somanes
Canias
Ciudadela
Ipás
Ruesta
Artieda
Mianos
Aragón
Javierregay
Novés
Asieso
Baraguás
Lerés
Guasillo
Badaguás
Río
Río
Santa Cilia de Jaca
Ascara
Abay
Banaguás
Jaca
Guasa
Martes
Río
Aragón
N-240
Río
N-330
Gas
Bagüés
Arrés
Puente la Reina de Jaca
Binacua
Baros
Urdués-Pintano
Regal
Atarés
Santa Cruz de la Serós
Navasa
Urriés
Pintano
Larués
Bailo
Alastuey
Monasterio de San Juan de la Peña
Arbués
Gordún
Isuerre
0 1Km.
Monasterio Nuevo San Juan de la Peña
Botaya
797 Km.
818 Km.

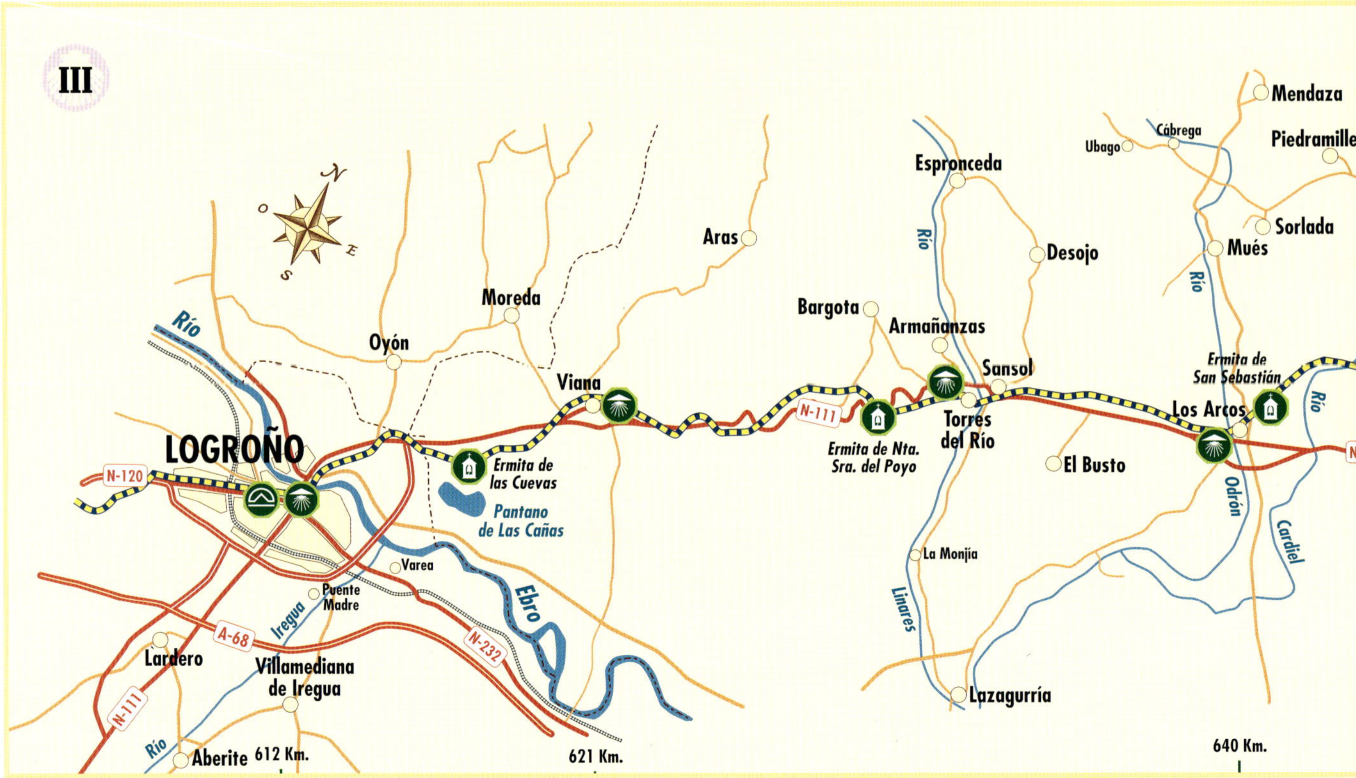
III
N
O
E
S
Río
LOGROÑO
N-120
N-111
A-68
N-232
Oyón
Moreda
Aras
Viana
Ermita de las Cuevas
Pantano de Las Cañas
Varea
Puente Madre
Iregua
Ebro
Lardero
Villamediana de Iregua
Río
Aberite
612 Km.
621 Km.
Bargota
Armañanzas
Sansol
Torres del Río
Ermita de Nta. Sra. del Poyo
Espronceda
Desojo
Río
El Busto
La Monjía
Linares
Lazagurría
Ubago
Cábrega
Mendaza
Piedramille
Sorlada
Mués
Río
Ermita de San Sebastián
Los Arcos
Odrón
Cardiel
Río
640 Km.

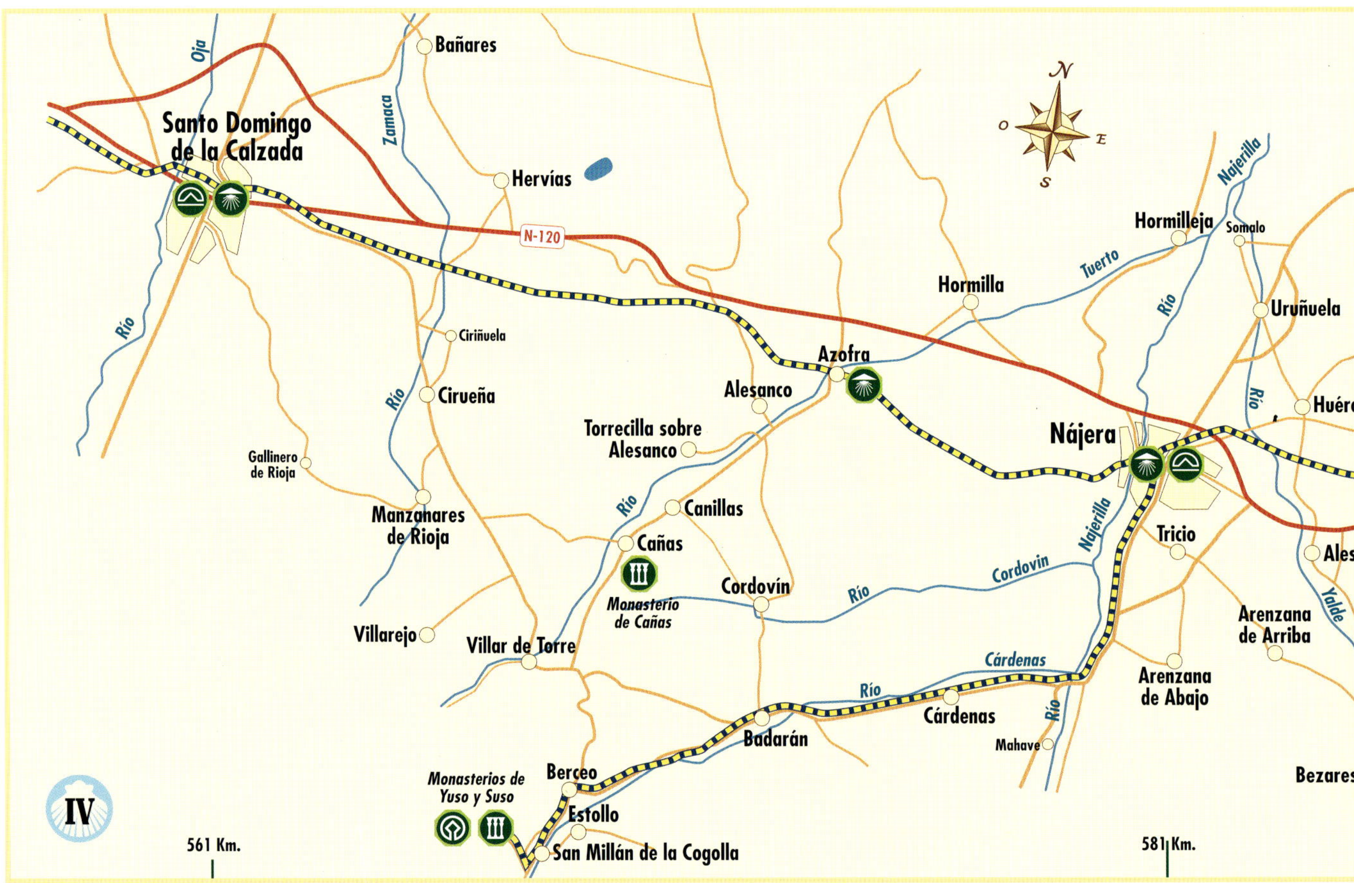
Oja
Bañares
Santo Domingo de la Calzada
Zamaca
Hervías
N-120
Río
Ciriñuela
Río
Cirueña
Gallinero de Rioja
Manzanares de Rioja
Villarejo
Villar de Torre
Alesanco
Torrecilla sobre Alesanco
Río
Canillas
Cañas
Monasterio de Cañas
Cordovín
Río
Azofra
Hormilla
Tuerto
Hormilleja
Somalo
Najerilla
Río
Uruñuela
Río
Huérc
Nájera
Najerilla
Cordovín
Tricio
Ales
Yalde
Arenzana de Arriba
Arenzana de Abajo
Cárdenas
Río
Cárdenas
Río
Mahave
Badarán
Berceo
Monasterios de Yuso y Suso
Estollo
San Millán de la Cogolla
Bezares
IV
561 Km.
581 Km.
N
O
E
S

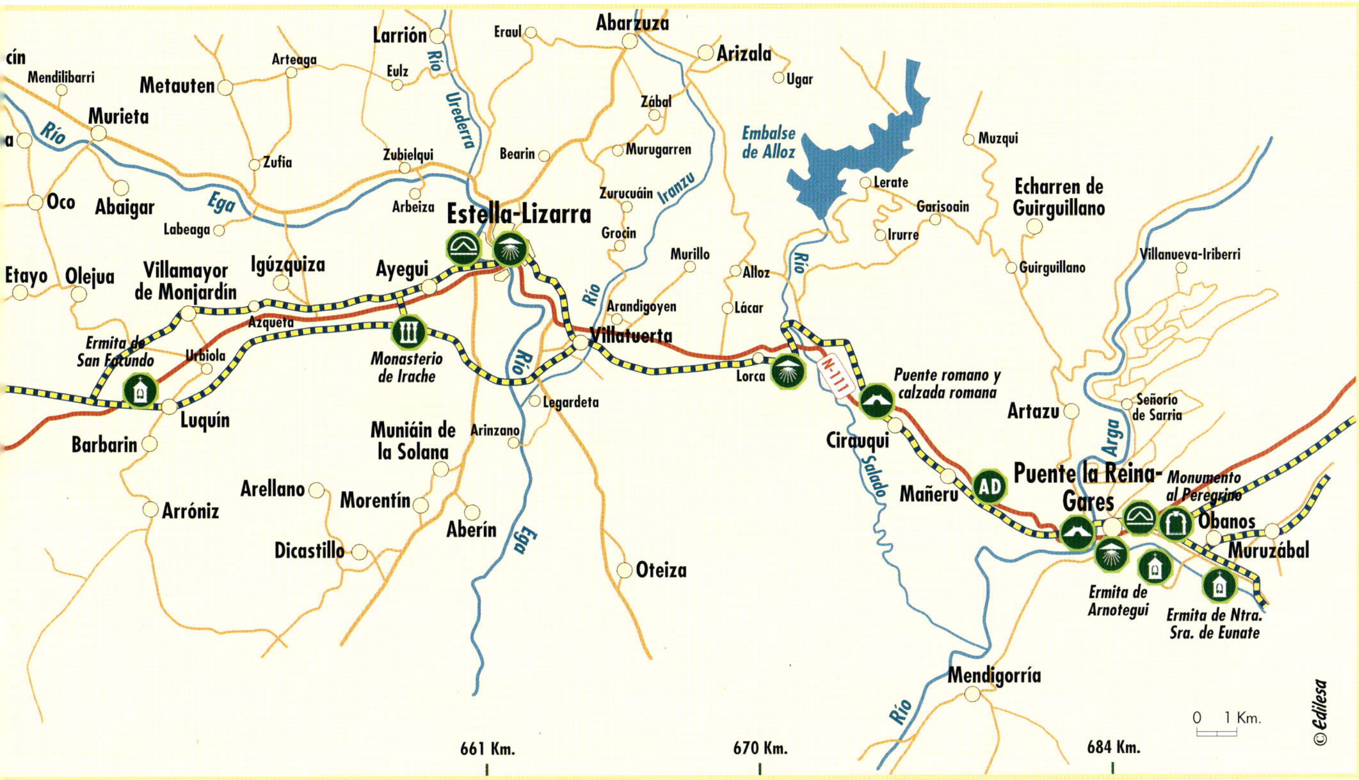
Mendilibarri
Metauten
Murieta
Río
Arteaga
Larrión
Río Urederra
Eraul
Abarzuza
Arizala
Ugar
Eulz
Zábal
Zufia
Zubielqui
Bearin
Murugarren
Embalse de Alloz
Muzqui
Oco
Abaigar
Ega
Labeaga
Arbeiza
Estella-Lizarra
Zurucuáin
Iranzu
Grocin
Lerate
Garisoain
Irurre
Echarren de Guirguillano
Guirguillano
Etayo
Olejua
Villamayor de Monjardín
Igúzquiza
Ayegui
Murillo
Alloz
Río
Villanueva-Iriberri
Azqueta
Río
Arandigoyen
Lácar
Ermita de San Fatundo
Urbiola
Monasterio de Irache
Villatuerta
Río
Lorca
N-111
Puente romano y calzada romana
Legardeta
Señorío de Sarria
Artazu
Arga
Luquín
Barbarin
Muniáin de la Solana
Arinzano
Cirauqui
Salado
Puente la Reina-Gares
Monumento al Peregrino
AD
Mañeru
Obanos
Arellano
Morentín
Arróniz
Aberín
Ega
Muruzábal
Dicastillo
Oteiza
Ermita de Arnotegui
Ermita de Ntra. Sra. de Eunate
Mendigorría
Río
0 1 Km.
661 Km.
670 Km.
684 Km.
© Edilesa

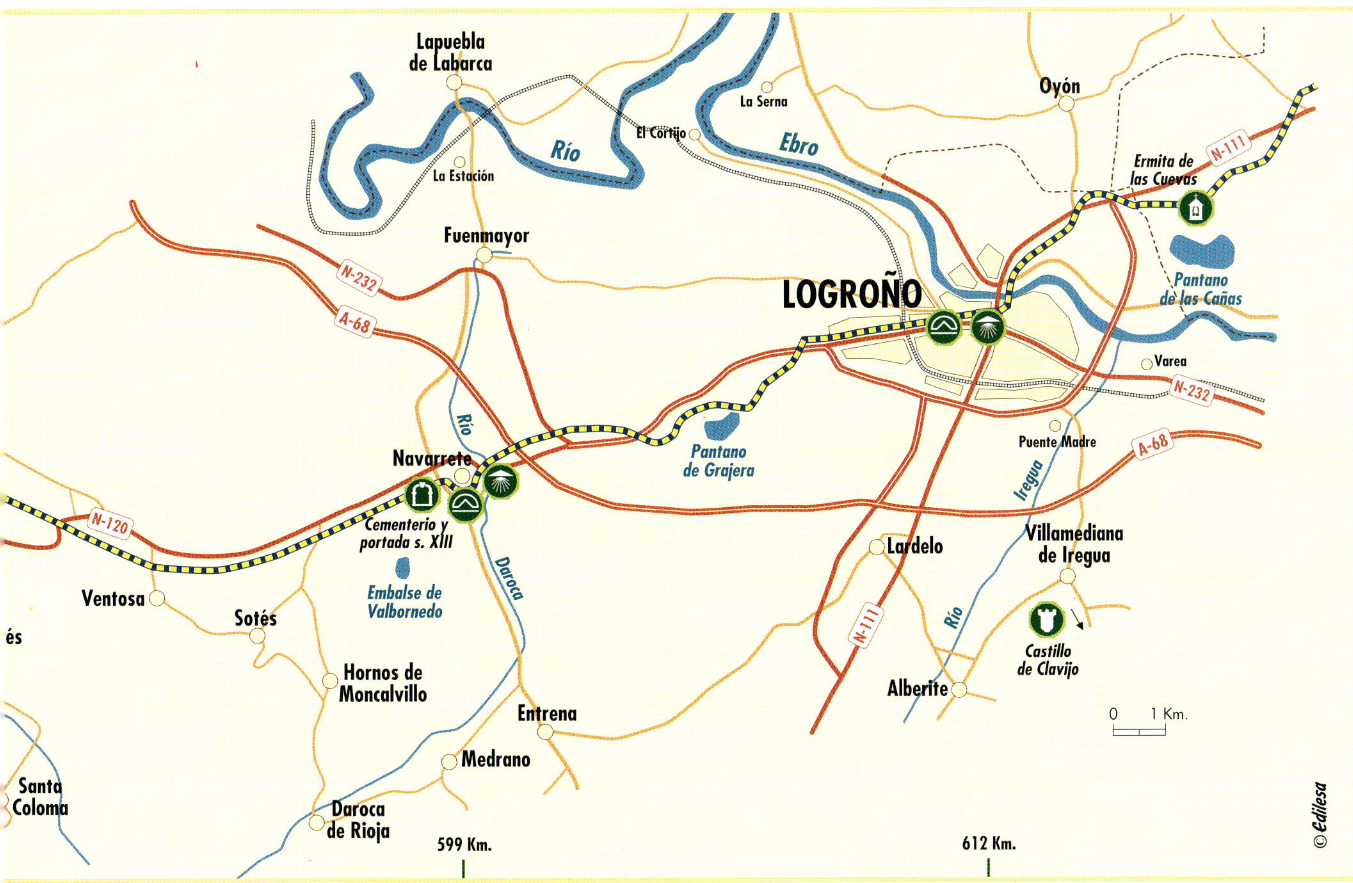
Lapuebla de Labarca
La Serna
Oyón
El Cortijo
Río
Ebro
La Estación
Ermita de las Cuevas
N-111
Fuenmayor
N-232
LOGROÑO
Pantano de las Cañas
A-68
Varea
N-232
Río
Puente Madre
A-68
Pantano de Grajera
Navarrete
Iregua
N-120
Cementerio y portada s. XIII
Villamediana de Iregua
Lardelo
Daroca
Ventosa
Embalse de Valbornedo
N-111
Río
Sotés
Castillo de Clavijo
Hornos de Moncalvillo
Alberite
0 1 Km.
Entrena
Medrano
Santa Coloma
Daroca de Rioja
599 Km.
612 Km.
© Edilesa

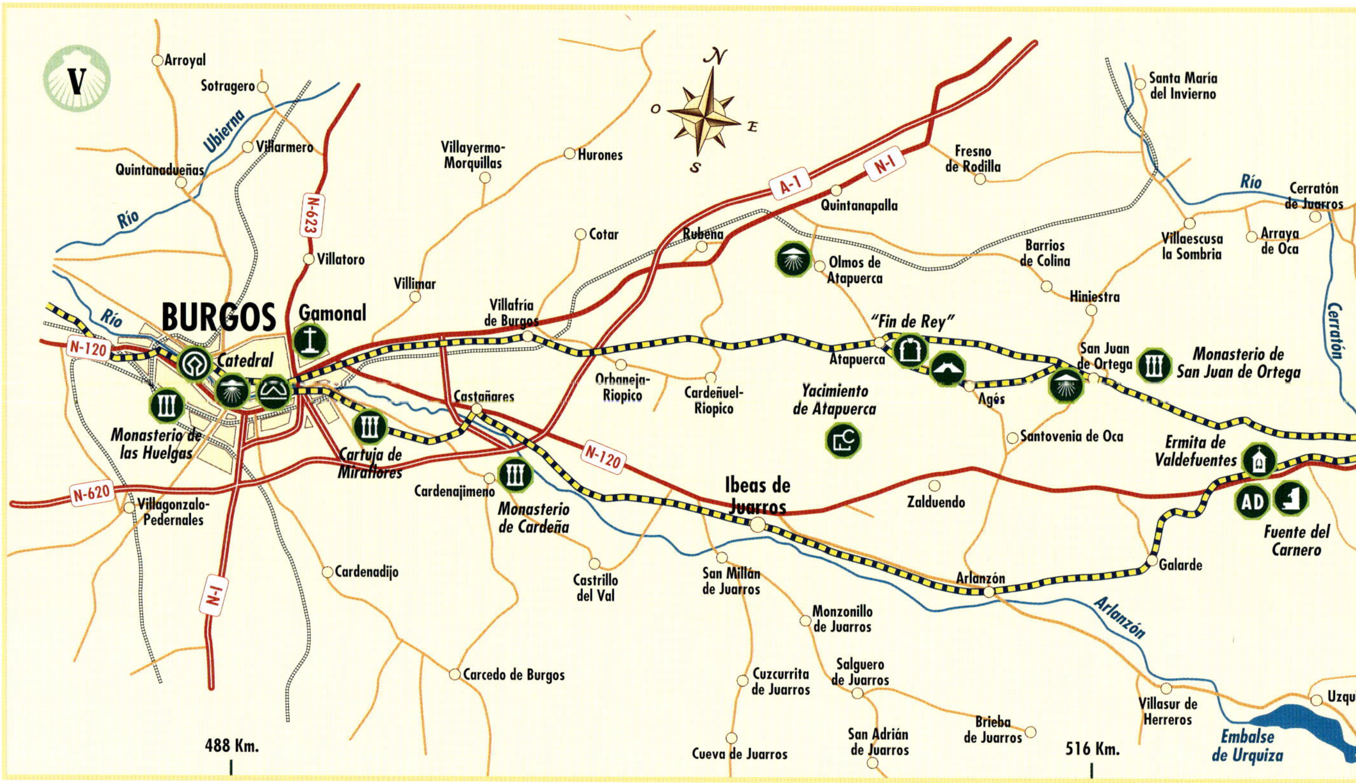
V
N
O
E
S
Arroyal
Sotragero
Villarmero
Quintanadueñas
Ubierna
Río
N-623
Villatoro
Villayermo-Morquillas
Hurones
Cotar
Rubena
A-1
N-I
Quintanapalla
Fresno de Rodilla
Santa María del Invierno
Río
Cerratón de Juarros
Arraya de Oca
Villaescusa la Sombría
Barrios de Colina
Hiniestra
Cerratón
Olmos de Atapuerca
Villimar
Río
BURGOS
Gamonal
N-120
Catedral
Villafría de Burgos
Orbaneja-Riopico
Cardeñuel-Riopico
Atapuerca
"Fin de Rey"
Agés
San Juan de Ortega
Monasterio de San Juan de Ortega
Yacimiento de Atapuerca
Santovenia de Oca
Monasterio de las Huelgas
Castañares
Cartuja de Miraflores
N-120
Ermita de Valdefuentes
Fuente del Carnero
N-620
Villagonzalo-Pedernales
Cardenajimeno
Monasterio de Cardeña
Ibeas de Juarros
Zalduendo
Cardenadijo
Castrillo del Val
San Millán de Juarros
Arlanzón
Galarde
Monzonillo de Juarros
Arlanzón
N-I
Carcedo de Burgos
Cuzcurrita de Juarros
Salguero de Juarros
Villasur de Herreros
Uzqui
San Adrián de Juarros
Brieba de Juarros
Embalse de Urquiza
488 Km.
Cueva de Juarros
516 Km.

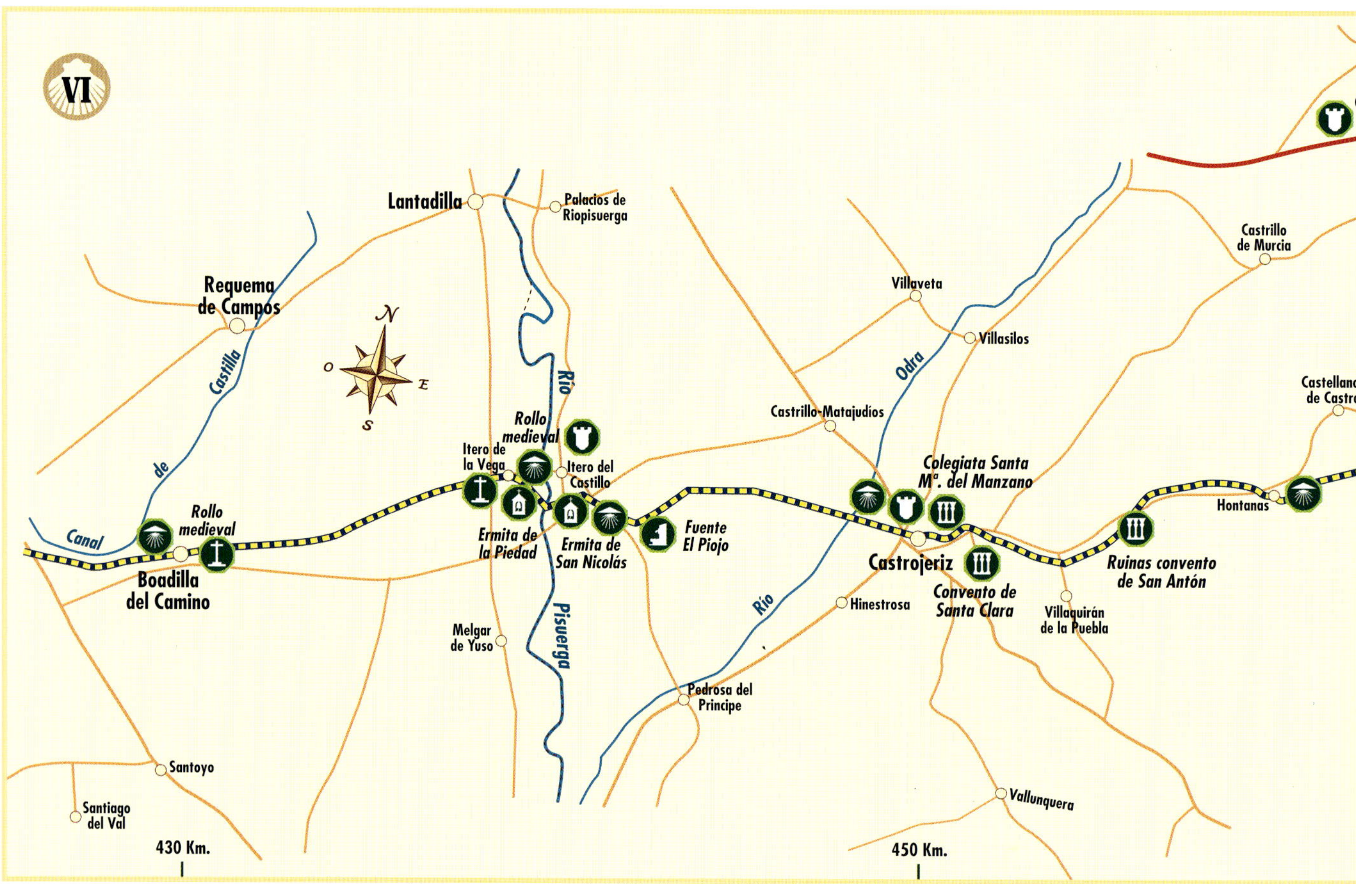
VI
Lantadilla
Palacios de Riopisuerga
Castrillo de Murcia
Requema de Campos
Villaveta
Villasilos
N
O
E
S
Castilla
Río
Odra
Castellanos de Castro
Castrillo-Matajudíos
Rollo medieval
Itero de la Vega
Itero del Castillo
Colegiata Santa Mª. del Manzano
de
Canal
Rollo medieval
Boadilla del Camino
Ermita de la Piedad
Ermita de San Nicolás
Fuente El Piojo
Castrojeriz
Hontanas
Convento de Santa Clara
Ruinas convento de San Antón
Río
Hinestrosa
Villaquirán de la Puebla
Melgar de Yuso
Pisuerga
Pedrosa del Príncipe
Santoyo
Vallunquera
Santiago del Val
430 Km.
450 Km.

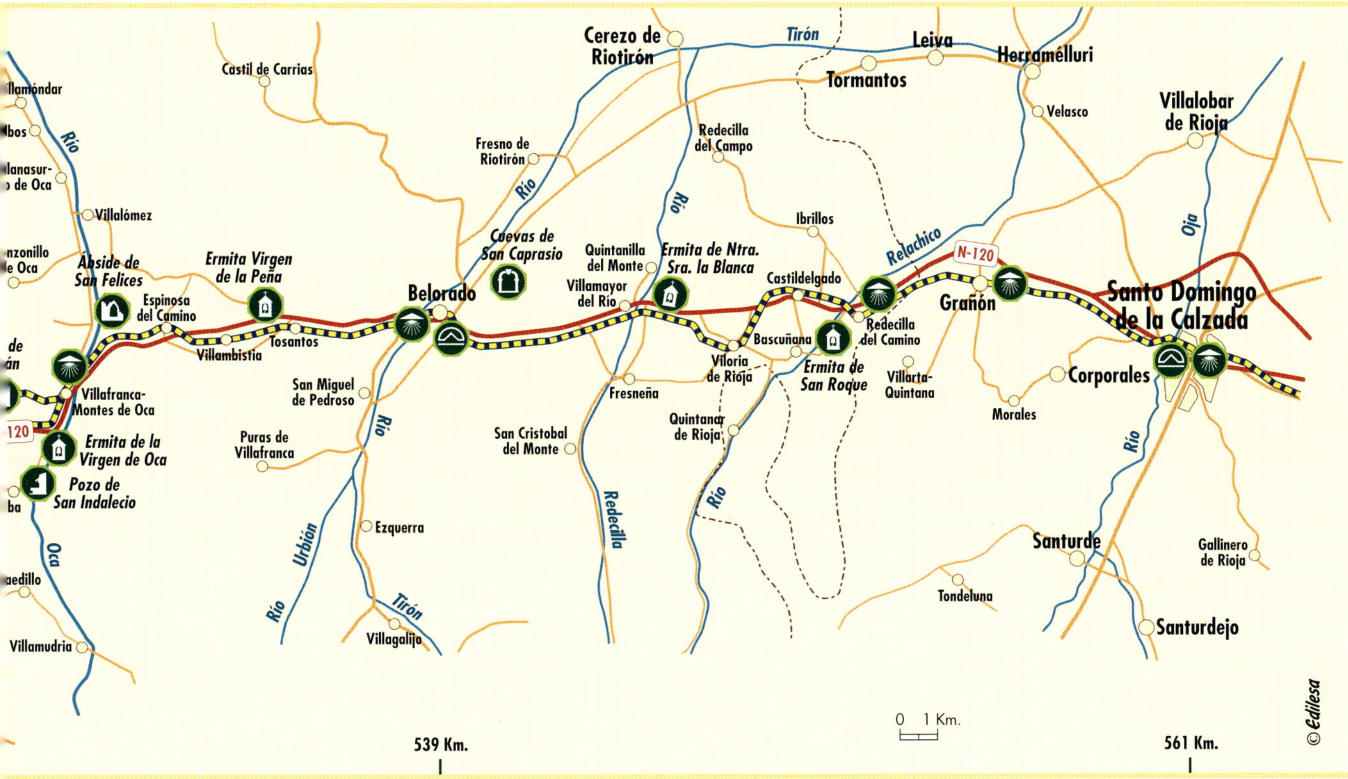

Cerezo de Riotirón
Tirón
Leiva
Herramélluri
Tormantos
Castil de Carrias
Velasco
Villalobar de Rioja
Fresno de Riotirón
Redecilla del Campo
Río
Villalómez
Ibrillos
Relachico
N-120
Oja
Ábside de San Felices
Ermita Virgen de la Peña
Cuevas de San Caprasio
Quintanilla del Monte
Ermita de Ntra. Sra. la Blanca
Castildelgado
Espinosa del Camino
Belorado
Villamayor del Río
Grañón
Santo Domingo de la Calzada
Villambistia
Tosantos
Bascuñana
Redecilla del Camino
Viloria de Rioja
Ermita de San Roque
Villarta-Quintana
Corporales
Villafranca-Montes de Oca
San Miguel de Pedroso
Fresneña
Morales
Ermita de la Virgen de Oca
Puras de Villafranca
San Cristobal del Monte
Quintana de Rioja
Pozo de San Indalecio
Ezquerra
Redecilla
Urbión
Oca
Santurde
Gallinero de Rioja
Tondeluna
Santurdejo
Villagalijo
Villamudria
0 1 Km.
539 Km.
561 Km.
© Edilesa

Palacios de Benaver
Marmellar del Abajo
Villanueva de Argaño
Urbel
Yudego
Santa María Tajadura
Páramo del Arroyo
N-120
Ubierna
Villármero
Las Quintanillas
Isar
Quintanadueñas
N-623
Río
Villamentero
Hornillos del Camino
Tardajos
Villalonquejar
Villatoro
Villalbilla de Burgos
BURGOS
Gamonal
Villimar
Albergue de San Bol
Hormaza
Rabé de las Calzadas
Arlanzón
Catedral
San Mamés de Burgos
Hormazuelas
Villagutierrez
Monasterio de las Huelgas
Frandovínez
Cartuja de Miraflores
Vilviestre de Muño
Medinilla de la Dehesa
Bumiel
N-620
Villagonzalo-Pedernales
N-I
Cabia
Cardenadijo
0 1 Km.
470 Km.
480 Km.
488 Km.
© Edilesa

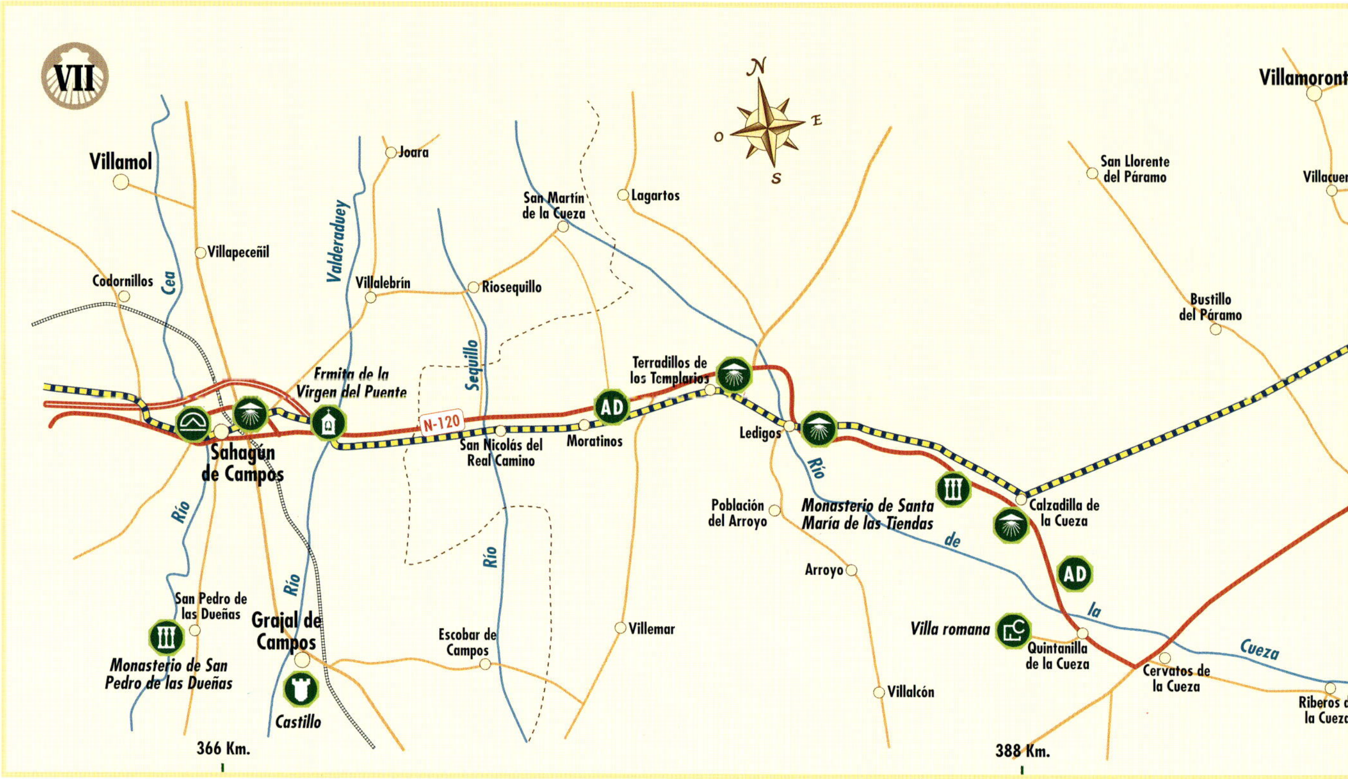
VII
Villamol
Villapeceñil
Codornillos
Cea
Valderaduey
Joara
Villalebrín
San Martín de la Cueza
Lagartos
Riosequillo
Sequillo
Ermita de la Virgen del Puente
Sahagún de Campos
N-120
San Nicolás del Real Camino
Moratinos
Terradillos de los Templarios
Ledigos
Río
Monasterio de Santa María de las Tiendas
Población del Arroyo
Arroyo
San Llorente del Páramo
Bustillo del Páramo
Villamoront
Villacuen
Calzadilla de la Cueza
de
la
Cueza
Villa romana
Quintanilla de la Cueza
Cervatos de la Cueza
Riberos de la Cueza
Villalcón
Villemar
Escobar de Campos
San Pedro de las Dueñas
Monasterio de San Pedro de las Dueñas
Grajal de Campos
Castillo
366 Km.
388 Km.
N
O
E
S

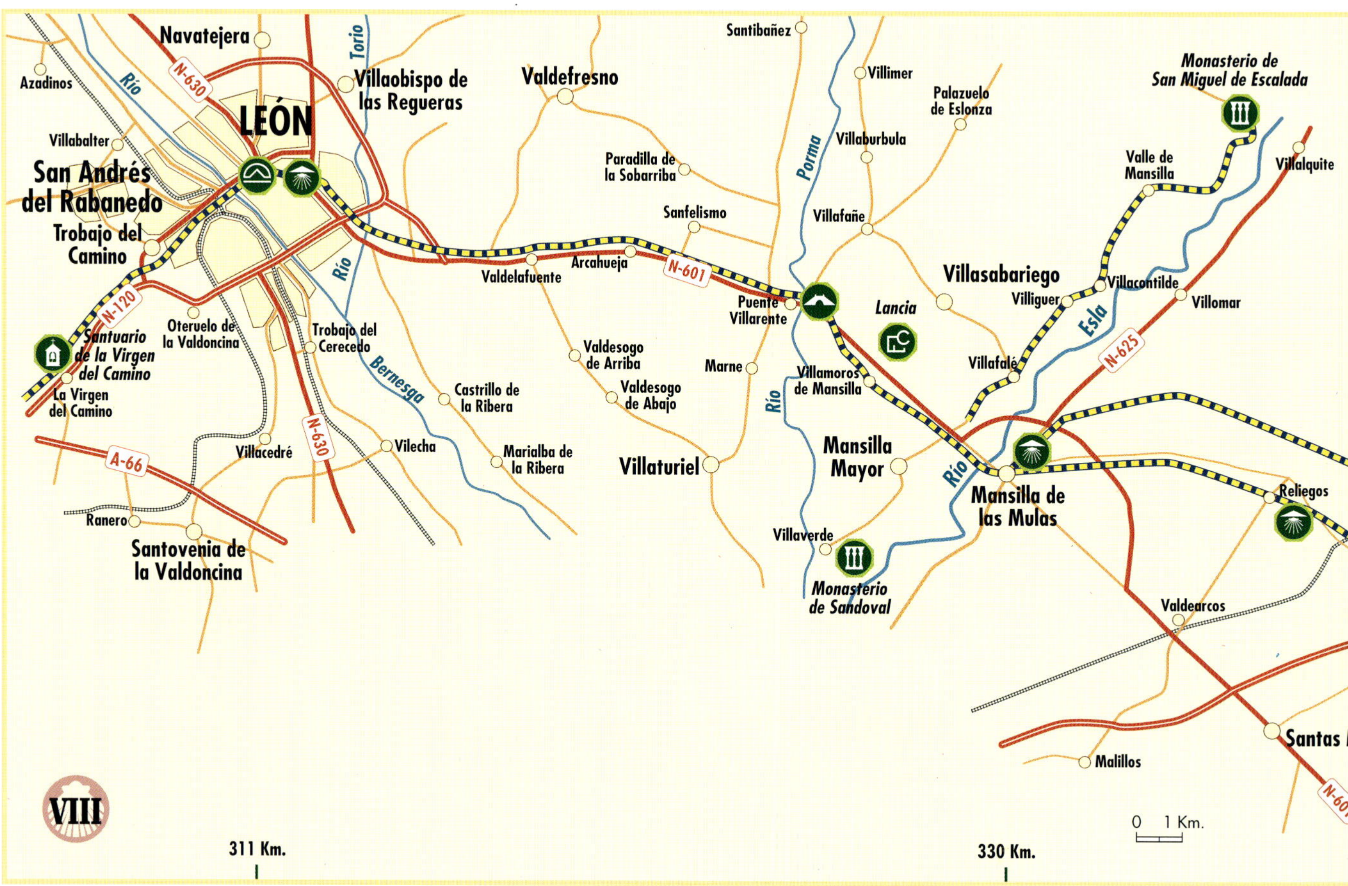
Navatejera
Azadinos
Río
N-630
Torío
LEÓN
Villaobispo de las Regueras
Valdefresno
Santibañez
Villimer
Palazuelo de Eslonza
Monasterio de San Miguel de Escalada
Villabalter
San Andrés del Rabanedo
Trobajo del Camino
Paradilla de la Sobarriba
Porma
Villaburbula
Villafañe
Valle de Mansilla
Villalquite
Sanfelismo
Arcahueja
N-601
Valdelafuente
Puente Villarente
Villasabariego
Villiguer
Villacontilde
Villomar
Lancia
Esla
N-625
N-120
Santuario de la Virgen del Camino
La Virgen del Camino
Oteruelo de la Valdoncina
Trobajo del Cerecedo
Bernesga
Valdesogo de Arriba
Valdesogo de Abajo
Castrillo de la Ribera
Marne
Villamoros de Mansilla
Villafalé
A-66
Villacedré
Vilecha
Marialba de la Ribera
Villaturiel
Mansilla Mayor
Mansilla de las Mulas
Reliegos
Ranero
Santovenia de la Valdoncina
Villaverde
Monasterio de Sandoval
Valdearcos
Santas M
Malillos
N-601
VIII
0 1 Km.
311 Km.
330 Km.

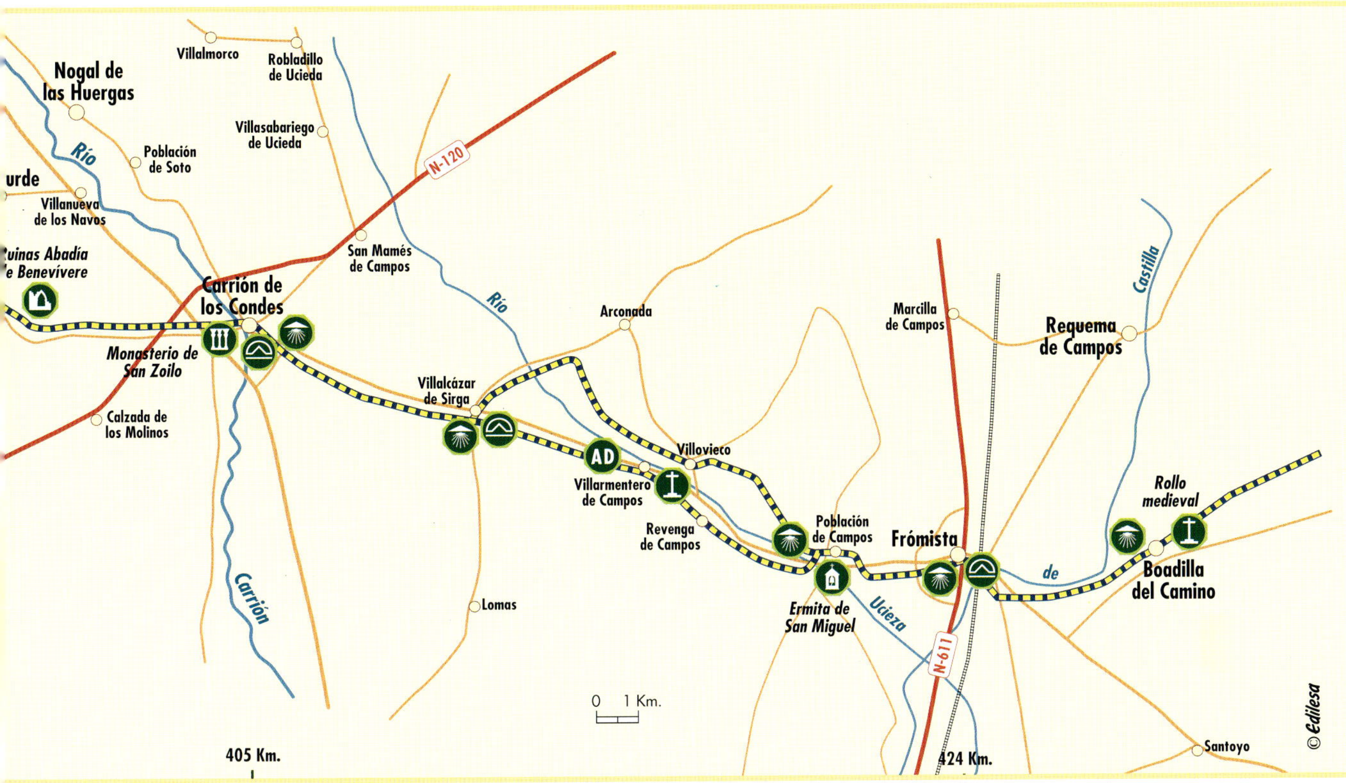

Nogal de las Huergas
Villalmorco
Robladillo de Ucieda
Villasabariego de Ucieda
Río
Población de Soto
urde
Villanueva de los Navos
N-120
uinas Abadía e Benevívere
San Mamés de Campos
Carrión de los Condes
Río
Arconada
Marcilla de Campos
Castilla
Requema de Campos
Monasterio de San Zoilo
Calzada de los Molinos
Villalcázar de Sirga
AD
Villovieco
Villarmentero de Campos
Rollo medieval
Revenga de Campos
Población de Campos
Frómista
de
Boadilla del Camino
Carrión
Lomas
Ermita de San Miguel
Ucieza
N-611
0 1 Km.
405 Km.
424 Km.
Santoyo
© Edilesa

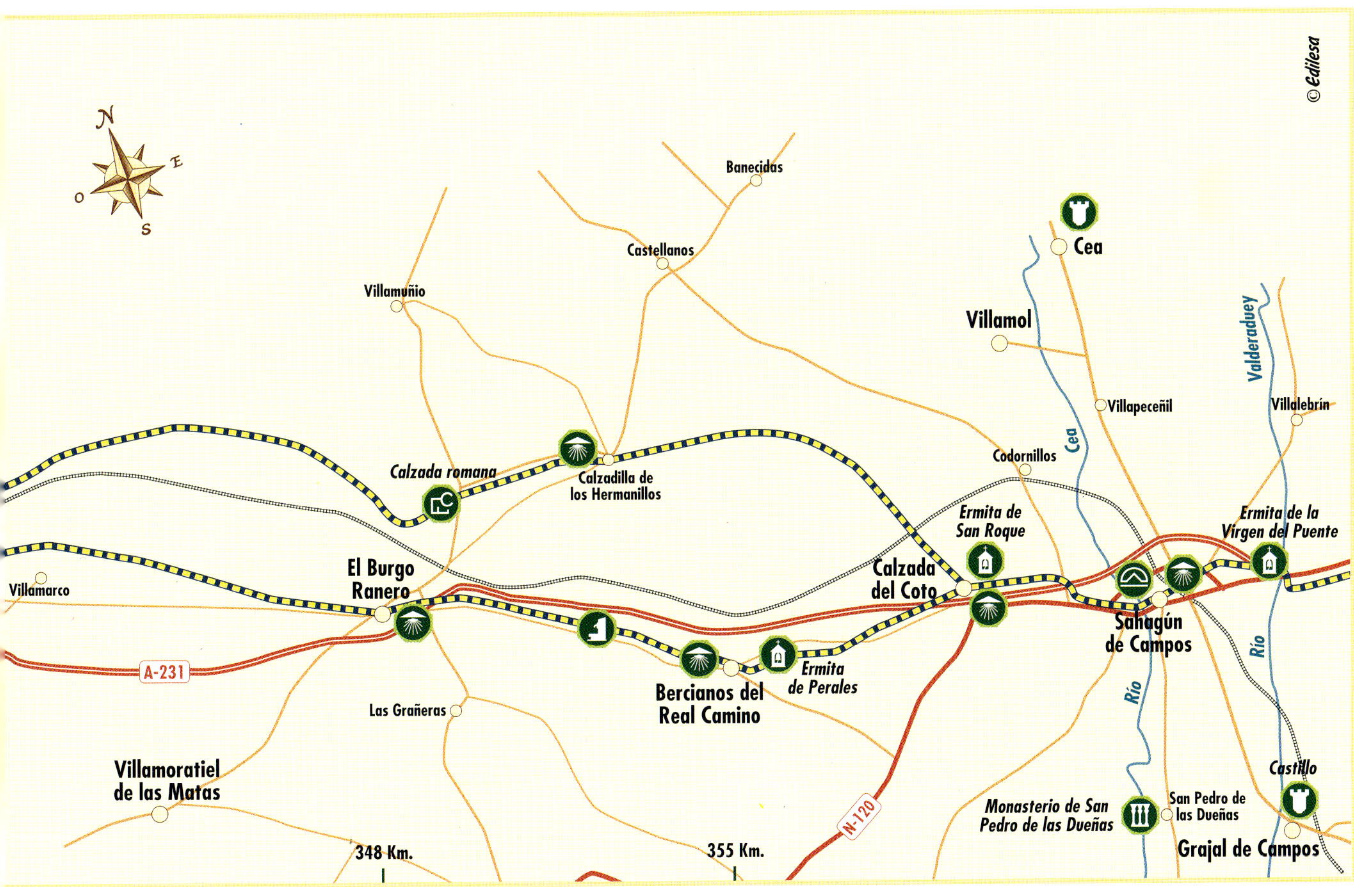

© Edilesa
N
E
O
S
Banecidas
Cea
Castellanos
Villamuñio
Villamol
Valderaduey
Villapeceñil
Villalebrín
Codornillos
Cea
Calzada romana
Calzadilla de los Hermanillos
Ermita de San Roque
Ermita de la Virgen del Puente
Villamarco
El Burgo Ranero
Calzada del Coto
Sahagún de Campos
Río
A-231
Bercianos del Real Camino
Ermita de Perales
Río
Las Grañeras
Villamoratiel de las Matas
Castillo
Monasterio de San Pedro de las Dueñas
San Pedro de las Dueñas
N-120
Grajal de Campos
348 Km.
355 Km.

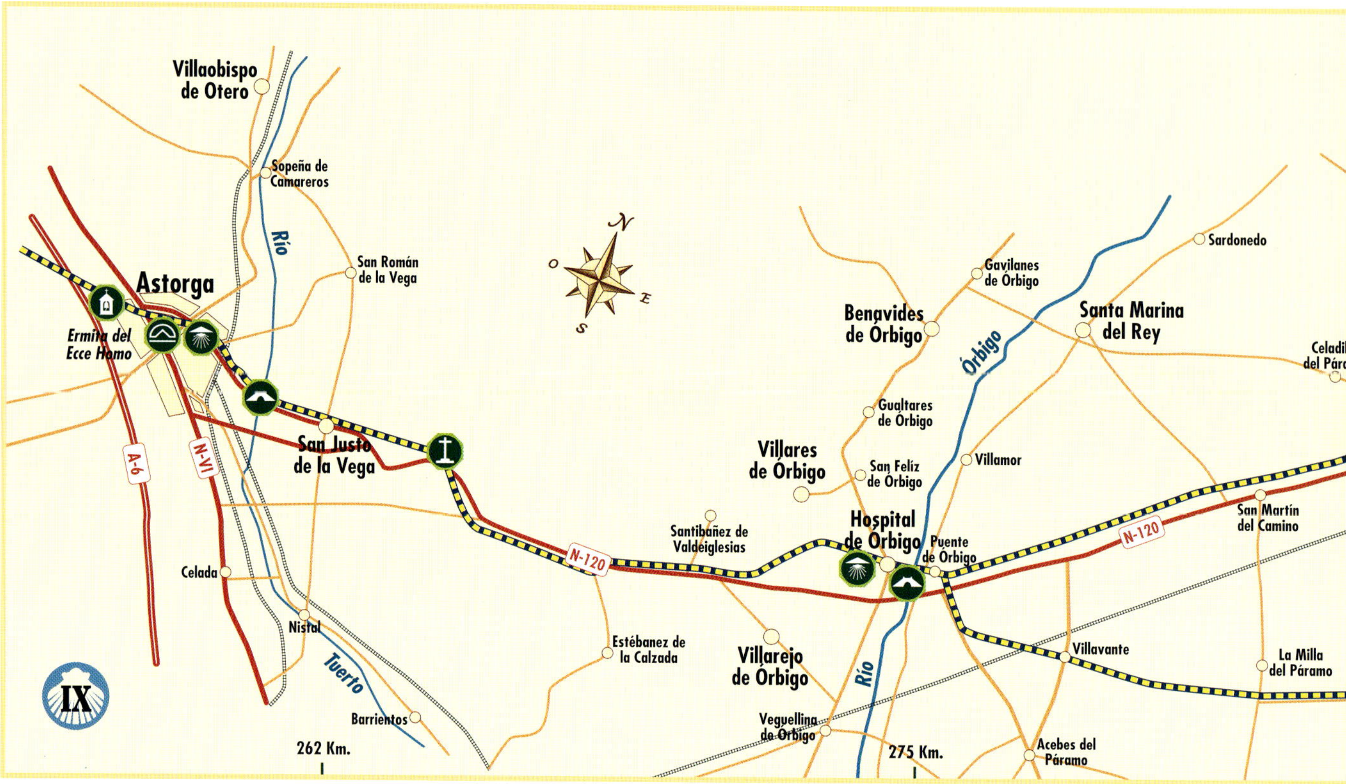
Villaobispo de Otero
Sopeña de Camareros
Río
San Román de la Vega
Astorga
Ermita del Ecce Homo
San Justo de la Vega
A-6
N-VI
Celada
Nistal
Tuerto
Barrientos
IX
262 Km.
N
O
E
S
N-120
Santibañez de Valdeiglesias
Estébanez de la Calzada
Villarejo de Órbigo
Veguellina de Órbigo
Villares de Orbigo
Benavides de Órbigo
Gualtares de Órbigo
San Felíz de Órbigo
Hospital de Órbigo
Puente de Órbigo
Río
Órbigo
Gavilanes de Órbigo
Villamor
Santa Marina del Rey
Sardonedo
San Martín del Camino
Villavante
La Milla del Páramo
Acebes del Páramo
275 Km.

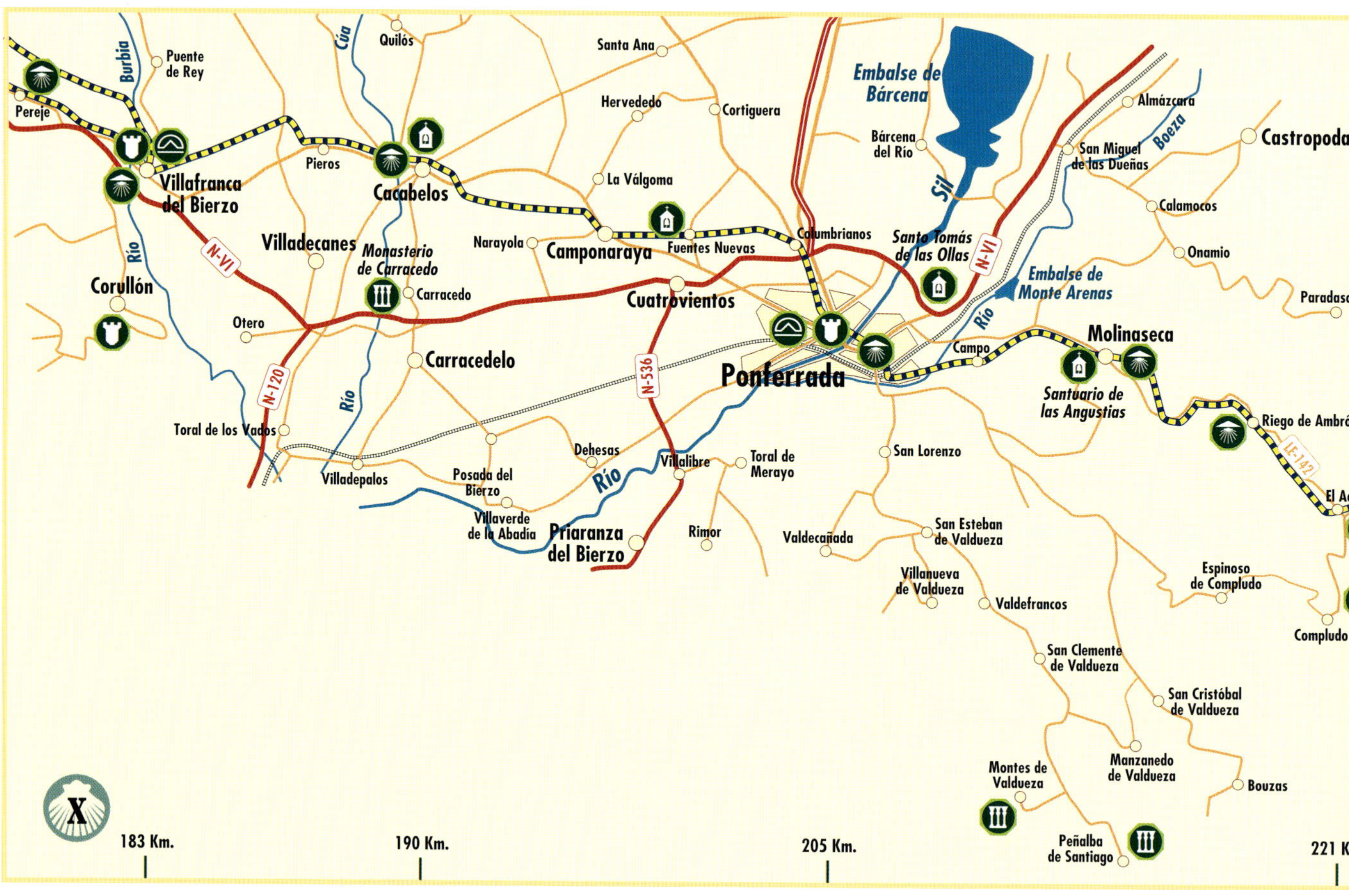
Burbia
Puente de Rey
Pereje
Villafranca del Bierzo
Río
Corullón
Cúa
Quilós
Pieros
Cacabelos
Villadecanes
Monasterio de Carracedo
Carracedo
Otero
N-VI
N-120
Río
Toral de los Vados
Villadepalos
Carracedelo
Narayola
Camponaraya
Fuentes Nuevas
Cuatrovientos
Santa Ana
Hervededo
Cortiguera
La Válgoma
N-536
Dehesas
Posada del Bierzo
Villaverde de la Abadía
Río
Villalibre
Priaranza del Bierzo
Rimor
Toral de Merayo
Columbrianos
Embalse de Bárcena
Bárcena del Río
Sil
Santo Tomás de las Ollas
Ponferrada
Valdecañada
San Lorenzo
San Esteban de Valdueza
Villanueva de Valdueza
Valdefrancos
San Clemente de Valdueza
Montes de Valdueza
Peñalba de Santiago
Manzanedo de Valdueza
San Cristóbal de Valdueza
Bouzas
Almázcara
San Miguel de las Dueñas
Boeza
Calamocos
Onamio
Embalse de Monte Arenas
Río
Campo
Molinaseca
Santuario de las Angustias
Riego de Ambrós
LE-142
Espinoso de Compludo
Compludo
Castropodame
Paradaso
X
183 Km.
190 Km.
205 Km.
221 Km.

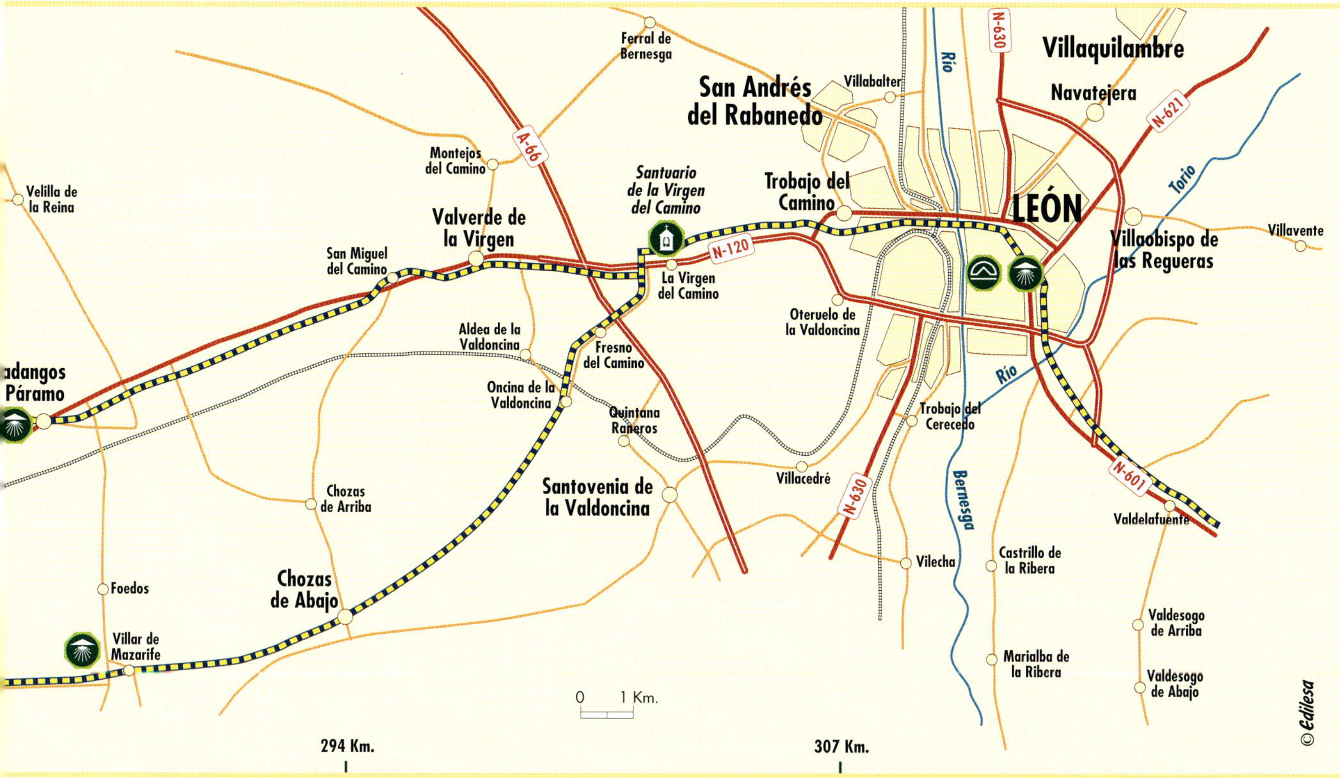
Ferral de Bernesga
San Andrés del Rabanedo
Villabalter
Río
N-630
Villaquilambre
Navatejera
N-621
Montejos del Camino
A-66
Velilla de la Reina
Santuario de la Virgen del Camino
Trobajo del Camino
LEÓN
Torío
Villaobispo de las Regueras
Villavente
Valverde de la Virgen
San Miguel del Camino
N-120
La Virgen del Camino
Oteruelo de la Valdoncina
Aldea de la Valdoncina
Fresno del Camino
Río
adangos
Páramo
Oncina de la Valdoncina
Quintana Raneros
Trobajo del Cerecedo
Villacedré
N-630
Bernesga
N-601
Chozas de Arriba
Santovenia de la Valdoncina
Valdelafuente
Vilecha
Castrillo de la Ribera
Chozas de Abajo
Foedos
Villar de Mazarife
Valdesogo de Arriba
Marialba de la Ribera
Valdesogo de Abajo
0 1 Km.
294 Km.
307 Km.
© Edilesa

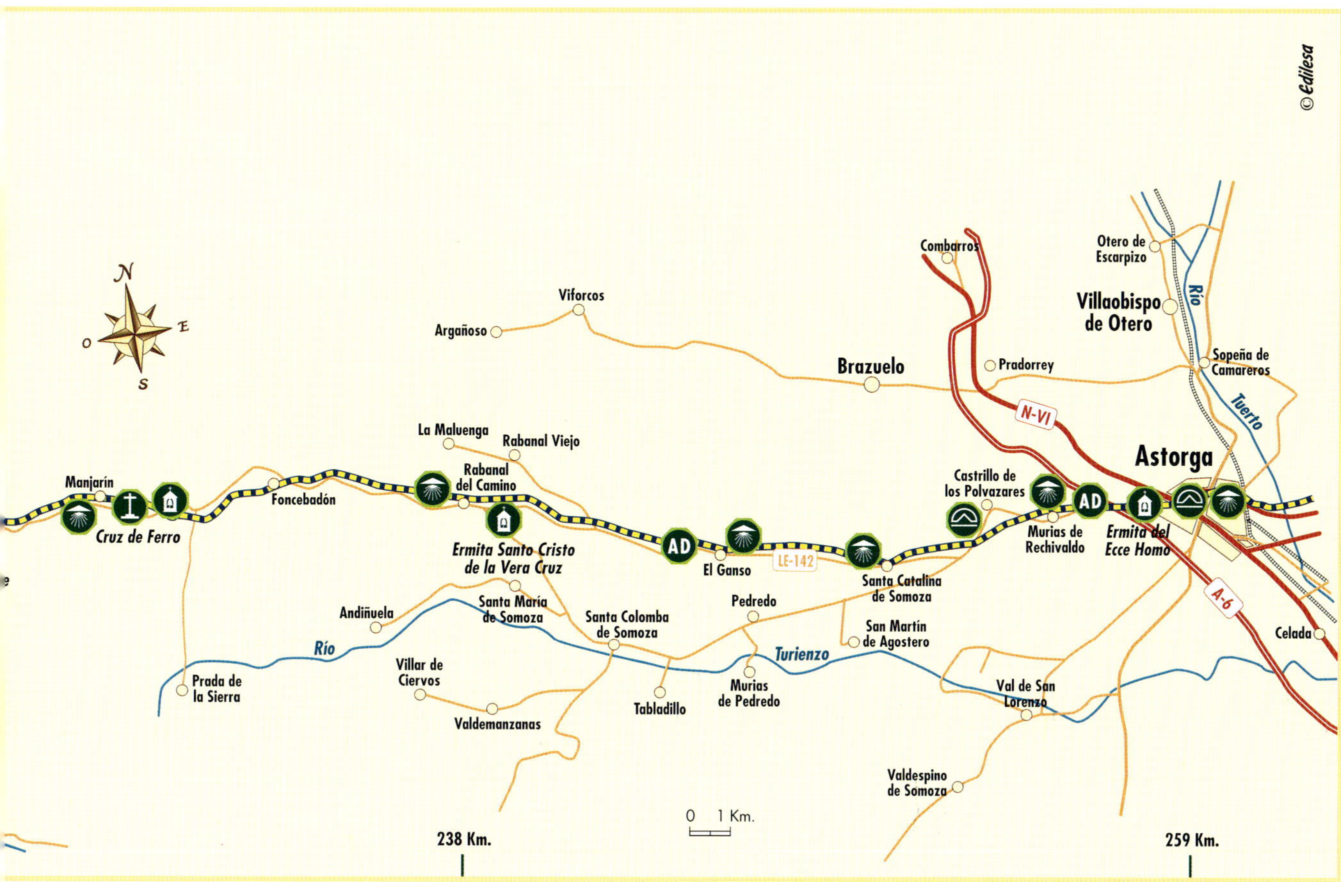
© Edilesa
N
O
E
S
Combarros
Otero de Escarpizo
Viforcos
Villaobispo de Otero
Río
Argañoso
Brazuelo
Pradorrey
Sopeña de Camareros
Tuerto
N-VI
La Maluenga
Rabanal Viejo
Astorga
Manjarín
Rabanal del Camino
Castrillo de los Polvazares
AD
Foncebadón
Cruz de Ferro
AD
Murias de Rechivaldo
Ermita del Ecce Homo
Ermita Santo Cristo de la Vera Cruz
El Ganso
LE-142
Santa Catalina de Somoza
A-6
Andiñuela
Santa María de Somoza
Santa Colomba de Somoza
Pedredo
San Martín de Agostero
Celada
Río
Turienzo
Prada de la Sierra
Villar de Ciervos
Tabladillo
Murias de Pedredo
Val de San Lorenzo
Valdemanzanas
Valdespino de Somoza
0 1 Km.
238 Km.
259 Km.

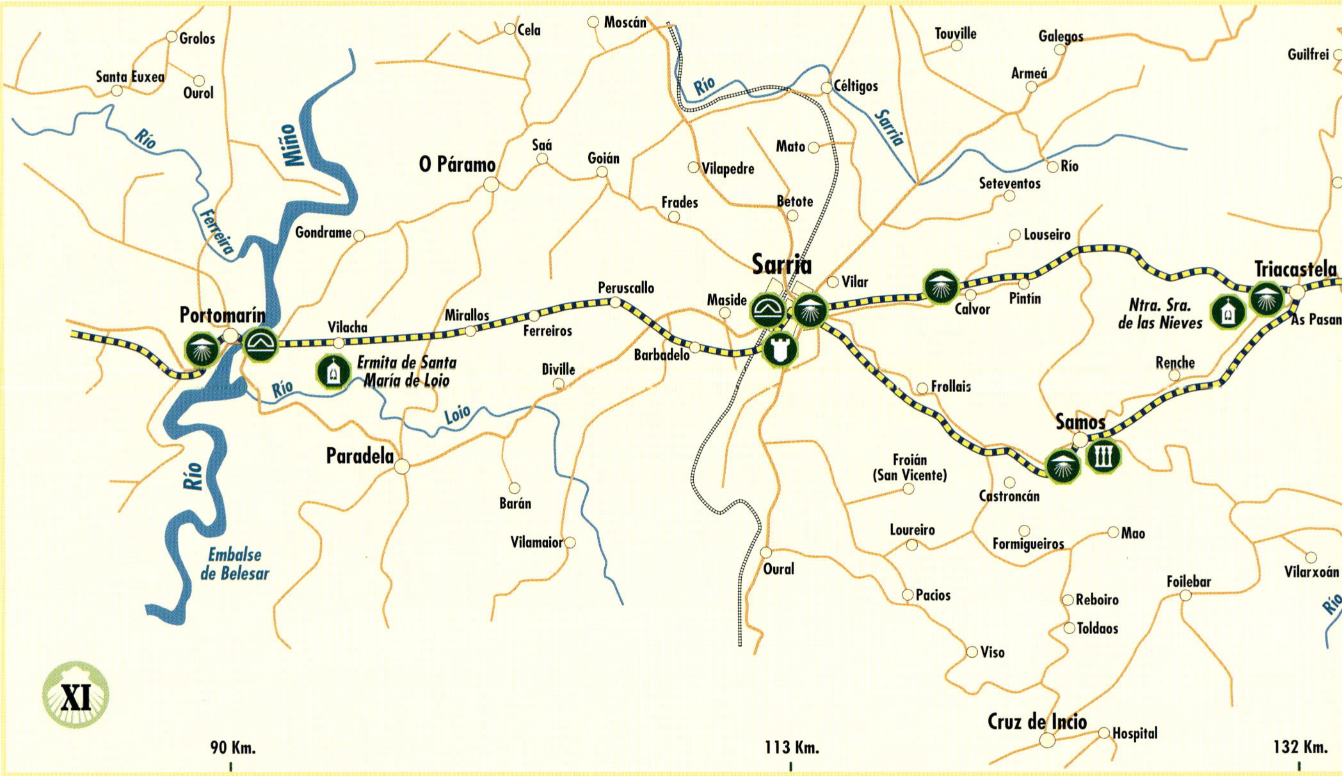
XI
Grolos
Santa Euxea
Ourol
Río
Ferreira
Miño
Cela
Moscán
O Páramo
Saá
Goián
Río
Sarria
Céltigos
Touville
Galegos
Armeá
Guilfrei
Mato
Vilapedre
Frades
Betote
Río
Seteventos
Gondrame
Louseiro
Sarria
Vilar
Peruscallo
Maside
Calvor
Pintín
Triacastela
Portomarín
Vilacha
Mirallos
Ferreiros
Ntra. Sra.
de las Nieves
As Pasantes
Ermita de Santa
María de Loio
Diville
Barbadelo
Renche
Frollais
Río
Loio
Samos
Paradela
Río
Froián
(San Vicente)
Castroncán
Barán
Vilamaior
Loureiro
Formigueiros
Mao
Embalse
de Belesar
Oural
Foilebar
Vilarxoán
Pacios
Reboiro
Río
Toldaos
Viso
Cruz de Incio
Hospital
90 Km.
113 Km.
132 Km.

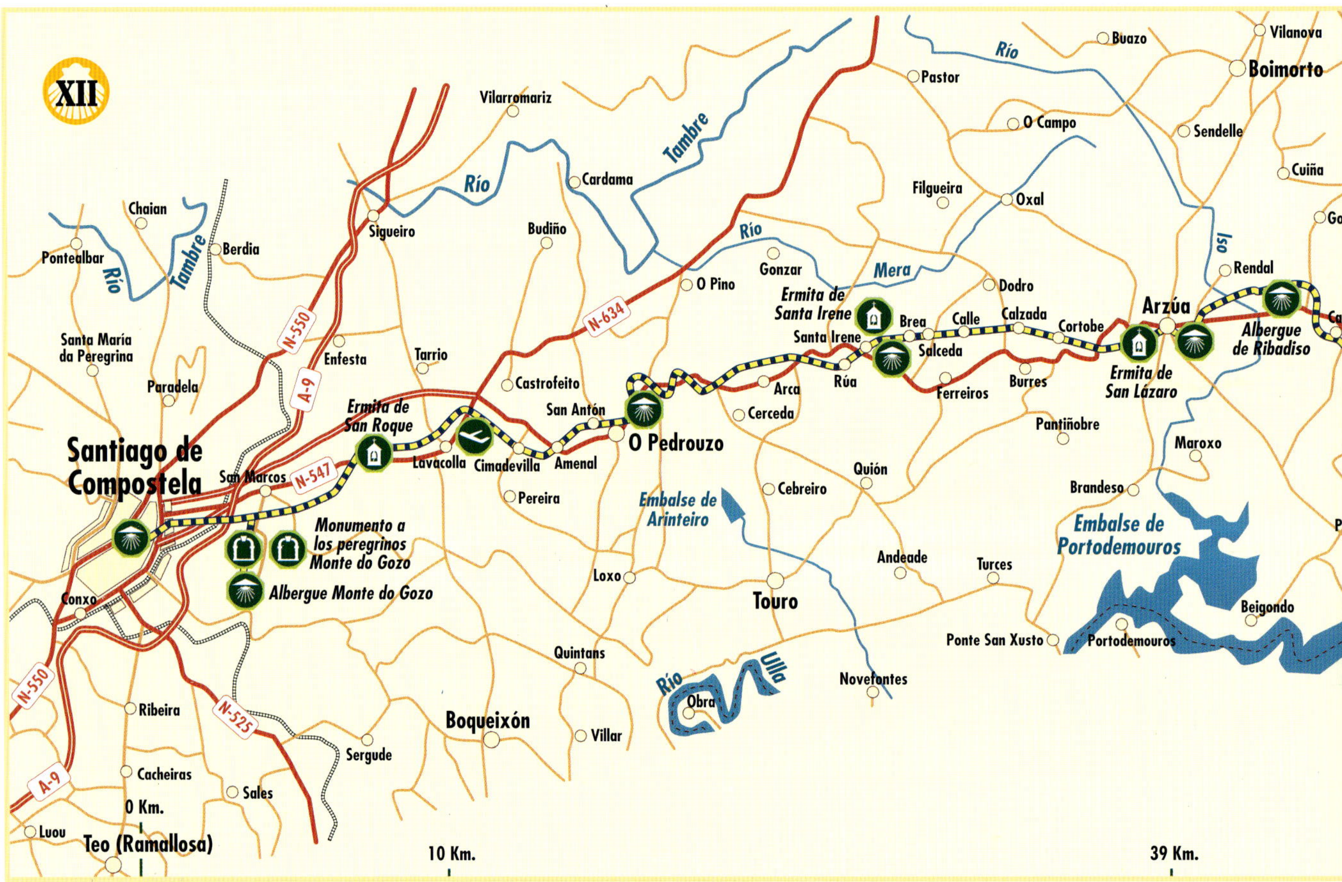
XII
Buazo
Vilanova
Río
Pastor
Boimorto
Vilarromariz
O Campo
Sendelle
Tambre
Cuiña
Río
Cardama
Filgueira
Oxal
Chaian
Río
Sigueiro
Budiño
Go
Pontealbar
Berdia
Tambre
Río
Iso
Gonzar
Mera
Dodro
Rendal
Río
O Pino
Ermita de
Santa Irene
Brea
Calle
Calzada
Arzúa
N-550
N-634
Cortobe
Santa María
da Peregrina
Santa Irene
Salceda
Albergue
de Ribadiso
Enfesta
Tarrio
Ermita de
San Lázaro
A-9
Castrofeito
Paradela
Rúa
Arca
Burres
Ferreiros
Ermita de
San Roque
San Antón
Cerceda
Pantiñobre
Santiago de
Compostela
O Pedrouzo
Maroxo
Lavacolla
Cimadevilla
Amenal
San Marcos
N-547
Quión
Pereira
Brandeso
Cebreiro
Embalse de
Arinteiro
Embalse de
Portodemouros
Monumento a
los peregrinos
Monte do Gozo
Andeade
Turces
Albergue Monte do Gozo
Loxo
Conxo
Touro
Beigondo
Ponte San Xusto
Portodemouros
Quintans
N-550
Río
Ulla
Novefontes
Ribeira
N-525
Obra
Boqueixón
Villar
Sergude
A-9
Cacheiras
Sales
0 Km.
Luou
Teo (Ramallosa)
10 Km.
39 Km.

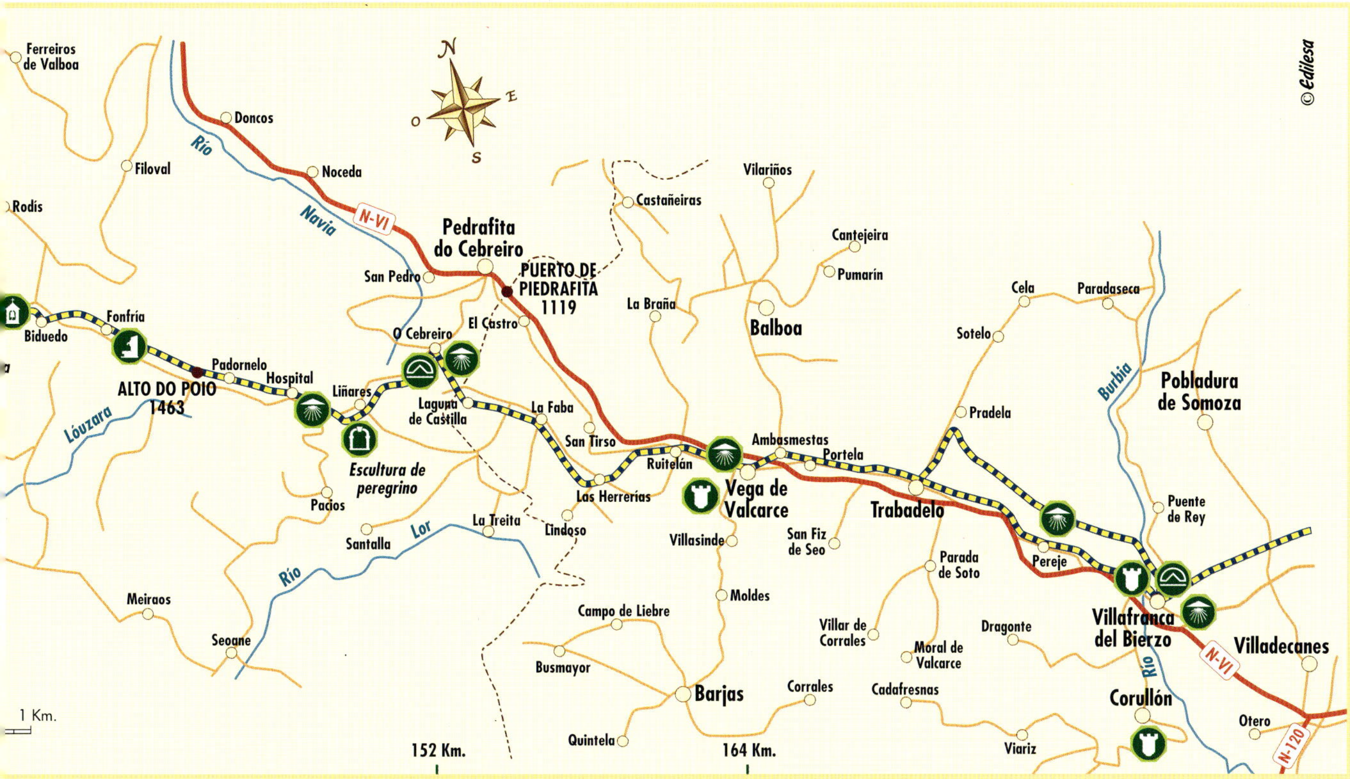

Ferreiros de Valboa
Doncos
Filoval
Noceda
Río Navia
N-VI
Rodís
Pedrafita do Cebreiro
San Pedro
PUERTO DE PIEDRAFITA 1119
Castañeiras
Vilariños
Cantejeira
Pumarín
La Braña
Balboa
Fonfría
Biduedo
El Castro
O Cebreiro
Padornelo
Hospital
ALTO DO POIO 1463
Liñares
Laguna de Castilla
La Faba
Río Louzara
Escultura de peregrino
San Tirso
Ruitelán
Las Herrerías
Ambasmestas
Portela
Vega de Valcarce
Trabadelo
Pacios
La Treita
Lindoso
Santalla
Río Lor
Villasinde
San Fiz de Seo
Meiraos
Moldes
Campo de Liebre
Seoane
Busmayor
Barjas
Quintela
Corrales
Cadafresnas
Villar de Corrales
Moral de Valcarce
Parada de Soto
Dragonte
Cela
Paradaseca
Sotelo
Pradela
Río Burbia
Pobladura de Somoza
Puente de Rey
Pereje
Villafranca del Bierzo
Villadecanes
Corullón
Río
Otero
Viariz
N-120
1 Km.
152 Km.
164 Km.
© Edilesa

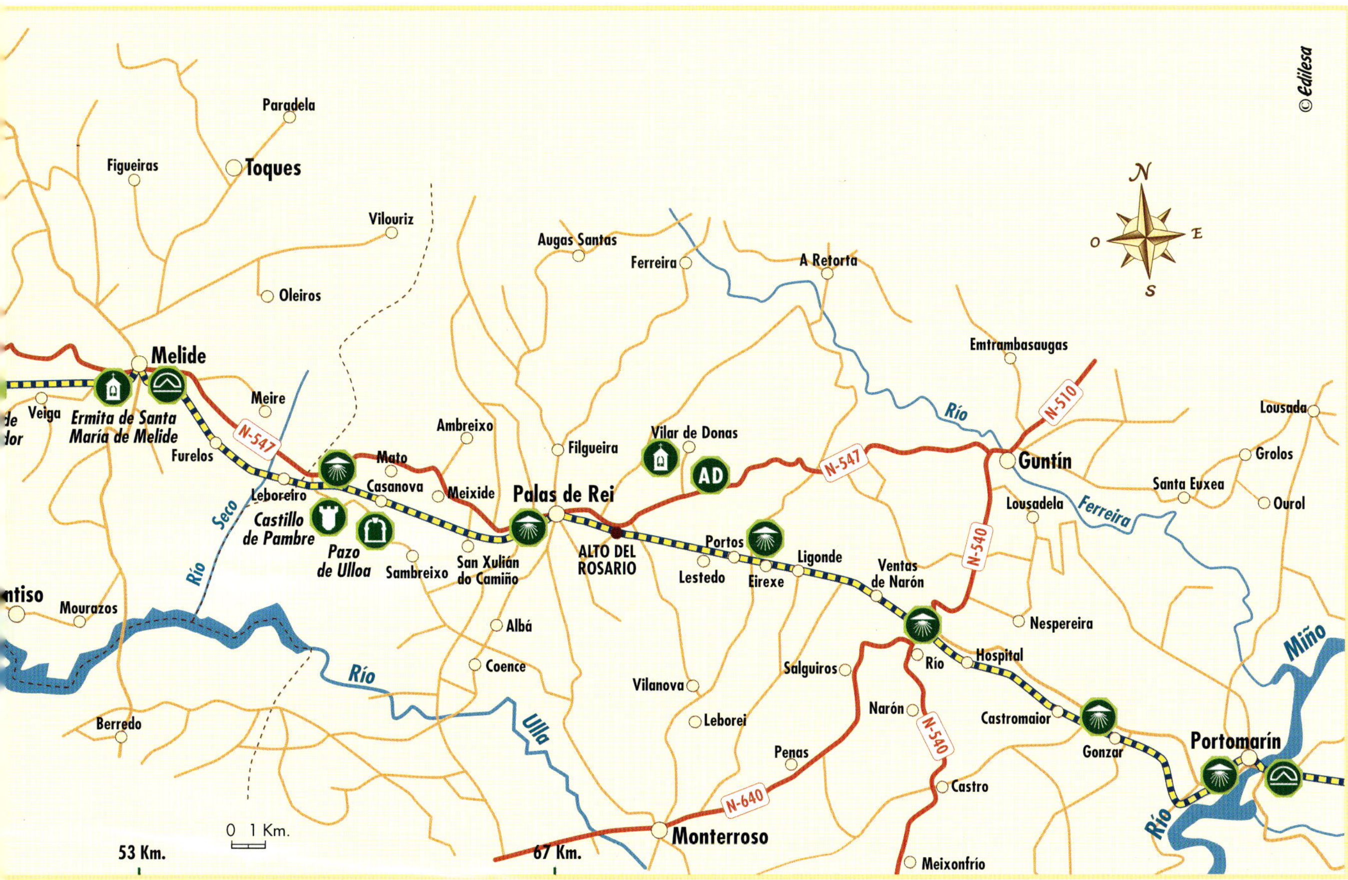

Paradela
Figueiras
Toques
Vilouriz
Oleiros
Augas Santas
Ferreira
A Retorta
Emtrambasaugas
Melide
Veiga
Ermita de Santa María de Melide
Meire
N-547
Furelos
Mato
Casanova
Leboreiro
Castillo de Pambre
Pazo de Ulloa
Sambreixo
Ambreixo
Meixide
Palas de Rei
San Xulián do Camiño
ALTO DEL ROSARIO
Filgueira
Vilar de Donas
AD
Portos
Lestedo
Ligonde
Eirexe
Ventas de Narón
N-540
Guntín
N-510
Río Ferreira
Lousadela
Lousada
Grolos
Santa Euxea
Ourol
Río Seco
Mourazos
Albá
Coence
Río Ulla
Berredo
Vilanova
Leborei
Salguiros
Nespereira
Río
Hospital
Narón
Castromaior
Gonzar
Penas
Castro
Portomarín
Miño
Río
N-640
Monterroso
Meixonfrío
0 1 Km.
53 Km.
67 Km.
© Edilesa

Sommaire

Photographies:
Norberto Cabezas
Fernando Fernández et Archivo Edilesa

Responsable d'édition: Vicente Pastor. **Direction artistique:** Vicente Pastor et Joaquín Alegre.
Photographies: Archives Edilesa (Manuel Martín, Imagen M.A.S., Pío García et Mani Moretón).

Edilesa. Camino Cuesta Luzar, s/n. 24010 Trobajo del Camino. LEON (ESPAÑA)
ISBN 84-8012-292-7 • Dépôt Légal: LE-1.129-2000
Traduction: SAT Traductores, S.L. • **Préimpression:** LetterMAC • Imprimé en Espagne par Varona sur papier Media Sprint. Stora-Enso